老子注译

（珍藏版）

古代文史名著选译丛书

主编 章培恒 安平秋 马樟根

张玉春 金国泰 译注
安平秋 审阅

凤凰出版社

图书在版编目（CIP）数据

老子注译 / 张玉春, 金国泰译注. -- 南京 : 凤凰出版社, 2017.1（2018.4重印）
（古代文史名著选译丛书 : 珍藏版 / 章培恒, 安平秋, 马樟根主编）
ISBN 978-7-5506-2468-9

Ⅰ. ①老… Ⅱ. ①张… ②金… Ⅲ. ①道家②《道德经》—译文③《道德经》—注释 Ⅳ. ①B223.1

中国版本图书馆CIP数据核字(2016)第257398号

书　　名	老子注译
主　　编	章培恒　安平秋　马樟根
译 注 者	张玉春　金国泰
责任编辑	张永堃
装帧设计	姜　嵩
出版发行	凤凰出版社(原江苏古籍出版社)
	发行部电话 025-83223462
出版社地址	南京市中央路165号,邮编:210009
出版社网址	http://www.fhcbs.com
照　　排	江苏凤凰制版有限公司
印　　刷	苏州市越洋印刷有限公司
	苏州市吴中区南官渡路20号　邮编:215104
开　　本	850×1168毫米　1/32
印　　张	6.25
字　　数	130千字
版　　次	2017年1月第1版　2018年4月第2次印刷
标准书号	ISBN 978-7-5506-2468-9
定　　价	32.00元

(本书凡印装错误可向承印厂调换,电话:0512-68180638)

明代文徵明绘老子像

文徵明诗文书画无一不精,人称"四绝"。早年屡试不第,后被荐为翰林待诏,居官三年辞归。自此不求仕进,力避权贵,潜心翰墨。"渺然诗思江湖近",正如其诗所云,老庄思想为失意之际的中国士人,提供了一片可以栖身的天地。

明代张路绘老子骑牛图

汉代以来，老子乘牛的形象深入人心。刘向《列仙传》云："后周德衰，（老子）乃乘青牛车去。入大秦，过西关。"牛生性温和、柔弱顺从，正与道家贵柔守雌的精神相称。魏晋南北朝时，乘牛车的风气在士族中尤为盛行；牛车徐行，风流超逸。后世绘画省略了"车"这一元素，形成"老子骑牛"的固定主题。

目 录

前言	001
上篇　道经	001
一章	001
二章	004
三章	007
四章	009
五章	011
六章	013
七章	015
八章	017
九章	019
十章	021
十一章	023
十二章	025
十三章	027
十四章	030
十五章	033
十六章	036
十七章	039
十八章	041
十九章	043

二十章	045
二十一章	048
二十二章	050
二十三章	052
二十四章	054
二十五章	056
二十六章	059
二十七章	061
二十八章	063
二十九章	066
三十章	068
三十一章	070
三十二章	072
三十三章	074
三十四章	076
三十五章	078
三十六章	080
三十七章	082
下篇　德经	084
三十八章	084
三十九章	087
四十章	090
四十一章	092
四十二章	095
四十三章	097
四十四章	099
四十五章	101

四十六章	103
四十七章	105
四十八章	107
四十九章	109
五十章	111
五十一章	113
五十二章	115
五十三章	117
五十四章	119
五十五章	121
五十六章	123
五十七章	125
五十八章	127
五十九章	130
六十章	132
六十一章	134
六十二章	137
六十三章	139
六十四章	141
六十五章	144
六十六章	147
六十七章	149
六十八章	152
六十九章	154
七十章	156
七十一章	158

七十二章 ·················· 160

七十三章 ·················· 162

七十四章 ·················· 164

七十五章 ·················· 166

七十六章 ·················· 168

七十七章 ·················· 170

七十八章 ·················· 172

七十九章 ·················· 174

八十章 ···················· 176

八十一章 ·················· 178

前　言

老子是道家学派的始祖,是我国哲学史和思想史上赫赫有名的大家巨匠。但是,我们却很难确知老子的生平事迹。这是不足为怪的。早在西汉初年,有关老子的传闻,就真伪杂出,难知其详了。博闻广求的太史公司马迁在《史记》里为老子立传,也只写了寥寥四百余字,而且其中既有不很肯定的说法,又兼采了不同的传说,给后人留下了不少疑点和分歧。现代不少著名学者对老子其人其书作过多方面深入考证,然而在有些方面,还很难形成统一的认识。

老子的籍贯在楚国苦县曲仁里,这一点是古今学者对司马迁《老子列传》唯一没有提出过疑问的史实。老子的姓名,司马迁既记为"姓李氏,名耳,字聃(dān)",又怀疑老子就是楚人老莱子,又记录了世人关于战国年间周太史儋(dān)就是老子的说法。显然,《史记》所记是不很清楚的,是有错误的。可以认为,与庄子姓庄名周、孟子姓孟名轲、荀子姓荀名况等一样,老子姓老名聃。老子所处的时代,是春秋末期;论年辈,早于孔子。老子的事迹,据《史记》,并参据现代学者的考证,大略可知以下几事:可能从早年起就在东周王朝图书馆供职,掌管史册典籍。约在中年时期,受到王朝贵族迫害,逃居鲁国数年。居鲁期间,孔子曾向他问礼(《史记》说是孔子到东周王朝向老子问礼)。后来，老子又回到东周王朝，继供前职。约在五十多岁时，在东周王朝内战中失败的王子朝，携带王朝史册典籍逃往鲁国避难，史册典籍既失，老聃也自然失去官职，这才离开东周去秦国。西行途中，经函谷关，守令尹喜请求他为自己著一部书，老子于是写下了约五千字的文章给他，这就是今天所说的《道德经》，也就是《老子》这部书①。老子西去以后，就在秦国隐居下去，不为世人所知，后人只传说他的寿命很长。司马迁说："盖老子百有六十余岁，或言二百余岁。"这虽是推测、传言和夸大之辞，但说他"修道而养寿"，大约是可信的。

老子所处的春秋末期，正是阶级矛盾突出尖锐、贵族集团内部争斗激烈、诸侯间攻战无休、社会动荡不已的年代。老子前半生遭遇坎坷，后来又失去了小小的官职，从统治阶级下层人物沦为庶民。这种经历和命运，不仅是促成老子后半生长期隐居的重要原因，而且也是老子形成社会政治思想的重要原因。

《老子》全书只有五千余字，但涉及的内容却相当广泛，包含着极其丰富的社会政治思想和哲学思想。

老子社会政治思想的总原则是"无为而治"。

这种原则，在老子的思想中，是以下述两个方面的认识作为前导和基础的。

一方面，老子认为，现时统治者强作妄为，因此造成了社会的种种矛盾和弊病，给人民带来了诸多痛苦。老子由

---

① 《老子》一书，有战国时代思想的反映，这说明它在流传过程中，可能经过了战国时人的增益。也有些学者以为《老子》一书原非老子本人所作，而是成于战国时代的作品。

于自身地位的下降，更多地注意到了统治者对下层民众的剥削掠夺和刑罚镇压，因而往往站到同情下层民众的立场，发出些不平的呼声。他揭露并批评剥削者的重税搜刮，说："民之饥，以其上食税之多，是以饥。"（七十五章）认为"田甚芜，仓甚虚"的社会重患是统治者聚敛不已、挥霍无度的直接结果，并因此斥责那些穿戴华丽、肥甘满腹的掠夺者为"盗夸"，就是强盗头子（五十三章）。他认为用苛法暴力威胁人民和奉行杀戮政策是无济于事的，不应该的，因为"民不畏死，奈何以死惧之"（七十四章），而且认为"法令滋彰，盗贼多有"（五十七章），就是法令越分明，"盗贼"越多。他认为"民之难治，以其上之有为"（七十五章），百姓难管理的原因就是统治者勉强作为。这些都反映出，老子看到了过度的剥削，使民众生活无着，生产受到严重破坏，过度的禁锢、滥施淫威，使民众手足无措，被逼铤而走险。老子还认为，统治者提倡仁义道德和崇尚贤能都不是好事情，他说："大道废，焉有仁义。慧智出，焉有大伪。"（十八章）又说："以智治国，国之贼。"（六十五章）他的意思是，与统治者倡导的仁义和推崇的贤智等相联系着的，是"大道"沦废，奸伪萌生；执政者巧用心智，是国家的大害，因为这会诱发和扩大人民的贪欲，伪诈成风，社会就离"真朴"日远，天下就难得安宁了。

另一方面，老子认为天道是自然无为的。老子反对上帝主宰一切的神权思想，反对天道有知有为的迷信观念。他认为，天地万物本来都是自然地发生发展，不应该用外来的意志和力量干扰、制约它。他认为，世界所以发生、所以变化的本源不是上帝，而是"道"。"道"对于世界万物，"生而不有，为而不恃，长而不宰"（五十一章）。就是说，

"道"生成万物而不占有,助长万物而不望报答,使万物成熟而不管制,一切都顺其自然,全都出于无为。而所说"无为",并不是毫无作用,毫无结果,而只是无意志,无目的,不硬行强为。因此,老子就得出"道常无为而无不为"(三十七章)这一认识。

老子把对现实政治的揭露与批判同对天道的认识与倾慕结合起来,其结果就是要"人之道"效法"天之道",要执政者不强作妄为而保持清静无为。他提出,"万物莫不尊道而贵德"(五十一章),提出"人法地,地法天,天法道,道法自然"(二十五章)。认为人和天地都要效法"道",而"道"则遵循自然而然的原则。他用天道推论人道,于是要求统治者把"无为"作为执政的最高原则。他说:"天地不仁,以万物为刍狗;圣人不仁,以百姓为刍狗。"(五章)这是说,天地对万物冷漠不仁,无所恩爱,无心干预万物,任凭它们生生灭灭,自长自消;圣人(即执政者)对百姓也没有什么恩爱,任凭他们闲散自在,随其作息。老子认为天道总是均衡调和的,"损有余而补不足"(七十七章);但人世却违背天道,"损不足以奉有余"(同上),表现在下民百姓饥饿、贫困,而居上位者多吃税、厚养生。他希望社会能相对均衡、安定,所以才希望能出现效法天道,"有余以奉天下"的"有道者"、"圣人",希望由他们实现"无为"政治。

"无为而治"的思想是个总原则,它渗透在老子许多具体的思想主张中。老子主张不要搅扰百姓,他说"治大国,若烹小鲜"(六十章)。他用烹小鱼不能轻易翻动这件事设喻,说明治国一定要以清静为原则,万不可轻易搅扰百姓,否则就会伤害百姓,搞乱天下。他主张不要过于压榨百姓,"无狎其所居,无厌其所生。夫唯不厌,是以不厌"(七十二章)。这是说,不要逼迫人民使其无处安居,不要压迫人民使其无法生活。正因为不压迫人民,所以才不会遭到人民厌弃。他主张不要聪明智慧,说"不以智治国,国之福"(六十五章)。说"绝圣弃智,民利百倍"(十九章),抛弃掉聪明和才智,人民就能获益百倍。"不尚贤,使民不争"(三章),不崇尚贤才,才能使人民不争功名。主张不要"仁"、"义"这些道德规范,"绝仁弃义,民复孝慈"(十九章)。认为抛弃了"仁"和"义",老百姓就会恢复敬老爱幼的天性。他主张战争只能是"不得已"的,"以道佐人主者,不以兵强天下"(三十章)。归根到底,他主张执政者能顺乎人情物理,听其自然变化而不勉强作为。他说:"道常无为而无不为,侯王若能守之,万物将自化。"(三十七章)又托"圣人"之口说:"我无为而民自化,我好静而民自正,我无事而民自富,我无欲而民自朴。"(五十七章)都是希望统治者清静慎动,不生事端,无欲无求,以为这就可望人民自然顺化,自然安定,自然富庶,自然淳朴。"民莫之令而自均"(三十二章),没有什么人命令,而百姓会很自然地遍受雨露滋润。他相信"为无为,则无不治"(三章)。如果实行无为的原则,那么就不会不太平了。

老子"无为而治"的思想在当时有一定的进步意义。它不仅反映了底层民众对少受干扰、生活能趋于安定的要求,反映了他们改变贫富悬殊的朴素愿望,而且也反映了老子本人对不听命于上帝、不受人意志支配的"人之道",即社会发展规律的朦胧认识,冲击了当时上帝主宰一切的神权思想。但是,由于辩证法思想不彻底,老子在反对天道有知有为、提出天道无知无为的过程中,却把天道无为提到了绝对化的程度,视之为至高无上的原则。认为人要效法天道自然,也就不能有为,人只能顺从自然规律而不能改造它。这就在一定程度上抹杀了人的主观能动作用。同时,老子在批判社会不合理现象的过程中,未能积极地正视现实,瞩目未来,却认为新不如旧,今不如昔;总是消极地回避矛盾,甚至主张全盘毁灭现实社会中的物质文明和精神文明,返古复初,退回到低级原始的蒙昧时代,以至于提出"小国寡民"那种空想的社会图景,这也暴露出他社会政治思想中保守性的一面。

老子哲学思想的性质,是一个近几十年来争论不休的问题。先前只有两种意见:一说属于唯物主义,一说属于唯心主义。近些年又出现了第三种意见,认为先前的两种意见都是各执一偏,是把距今久远的老子哲学说得太系统化了。实际上老子哲学本身具有不清楚的地方,其中既有唯物主义的一面,又有唯心主义的一面,因而对老子哲学应具体分析,要防止把老子哲学现代化和绝对化。笔者学力浅薄,在注译本书过程中,采取了把老子哲学看作大体上属于唯物主义而又带有一些唯心主义的看法。

老子哲学的最高范畴是"道"。说老子哲学是唯物主义或唯心主义,主要是对"道"分析的结果。"道"这一名词的本义是人们脚下的道路,引申出方法、途径、规律等意义。老子用"道"既指支配物质世界与现实事物运动变化的普遍规律,又指物质世界的实体,即宇宙本体。

老子认为,"道"是天地万物的唯一根源。他说:"道生一,一生二,二生三,三生万物。"(四十二章)又说:"有物混成,先天地生。寂兮寥兮,独立不改,周行而不殆,可以为天下母。吾不知其名,字之曰道。强为之名曰大。"(二十五章)老子没有把先于天地并孕育了天地的"道"看作是主观精神的东西,而是把它看作浑然为一、包容一切的物质实体。老子描述的"道","视之不见","听之不闻","搏之不得"。又说"是谓无状之状,无物之象,是谓惚恍。迎之不见其首,随之不见其后"(十四章)。这里虽然说"道"神妙莫测,超出现实世界人们的各种感觉,看不到,听不到,摸不到,但还是确认它虽似无状而有状,虽然缥缈却不虚无,虽然恍惚迷离,却可迎之、随之,这也就是肯定"道"是实在之物。近似的描述如:"道之为物,惟恍惟惚。惚兮恍兮,其中有象;恍兮惚兮,其中有物。窈兮冥兮,其中有精。其精甚真,其中有信。"(二十一章)这进一步说出"道"虽然恍恍惚惚,但是其中有形象,其中有实物,其中有极细微的精气。那精气特别真实,那里面有征验。说出了万物所以开始的"道"是真实的存在,而不是虚无。这种精气论,显然表现了朴素唯物主义的倾向。

老子在讲世界万物起源的时候,有个"无"的概念,这是人们十分注意并因此而争论不休的焦点之一。他说:"天下万物生于有,有生于无。"(四十章)对此,一种意见认为,老子的"道"是虚无的,是主观精神的东西,说老子是"'道'在'物'先",物质的东西由精神性的东西所派生,就是精神第一性,物质第二性,因此老子哲学就是唯心主义的,或称之为客观唯心主义。而把老子哲学看作属于唯物主义的人们则认为,这里所说的"无",并不是零,不是一无所有的虚无,而是指混沌未分的状态,是"无形"、"无名"的精气,是实在之物;这里的"无"和"有"并不是一般意义的"无"和"有",而是用以说明宇宙构成本原的哲学上的一对范畴,是指称超现象界的形而上之"道"的,是用来表明"道"产生天地万物时由无形质落实向有形质的一个活动过程,"无"这一概念同老子哲学的唯物主义性质并不矛盾。

老子提出"道"这一范畴,从自然本身方面探求说明世界的原因,这不仅与上帝创造世界的宗教迷信思想相异辙,而且,也比早些时候用某种或某几种物质元素解释世界成因的那些朴素唯物论说法(如五行说等)有了进步,显示出人们抽象思维能力的提高。但是,老子对不少内容的表述是模糊不清的,他的朴素唯物论思想还带有直观性、臆测性和不彻底性。因此,它才可能被后来的一些唯心主义学者曲解和利用,也因此被后来的一些唯物主义学者所责难。

老子哲学中的朴素辩证法思想十分突出。

老子从自然现象和社会现象中觉察到了对立统一规律,第一个比较系统地揭示出事物的存在是相互依存的,而不是彼此孤立的。他广泛论及各种对立关系,如美丑、善恶、荣辱、贵贱、难易、虚实、强弱、清浊、厚薄、壮老、静躁、重轻、刚柔、巧拙、明昧、白黑、雌雄、阴阳、屈直、长短、多少、高下、前后、正反、始终、主客、祸福、利害、怨德、损益、治乱、兴废、生死、去取、得失、有无、开阖、歙张等等,这说明他已经看出一切事物中无不包含着既互相对立,又互相依存的两个方面,已经看出了没有美就没有丑,没有利就没有害。他说:"故有无相生,难易相成,长短相刑,高下相盈,音声相和,前后相随——恒也。"(二章)这集中地揭示了对立面之间的互相联系、互相依存、互相作用和互相补充,鲜明地显示出对立统一这一永恒的、普遍的法则。

老子在观察相反相成关系的同时,也注意到了对立双方并不是僵化凝固、一成不变的,觉察到了对立面的互相转化。他说:"祸兮,福之所倚;福兮,祸之所伏。"(五十八章)这句话已经成了后人谈矛盾转化每每引述的至理名言。祸中有福,福中有祸,祸福都能向自己的对立面转化。它说明着一切事物都向自己的对立面转化的基本规律。与此相联系,老子虽然还没有认识到质量互变的规律,但是,他也模糊地接触到了事物由量变到质变的某些现象,并且也想利用这些现象中的道理处理事情。他说:"其安易持,其未兆易谋;其脆易泮,其微易散。为之于未有,治之于未乱。合抱之木,生于毫末;九层之台,起于累土;千里之行,始于足下。"(六十四章)这是说,局势安定时容易维持,事情未露苗头时容易对付,事物脆弱时容易消解,事物微小时容易散除。要在事情还没发作时处理它,要在局势还没动乱时治理它。合抱的大树,是由细小的萌芽长成的;九层的高台,是由一筐土起步的;千里行程,是从脚下开始的。这正反映出老子从具体事实中似乎感到了由量到质的变化过程,也反映出他因此而提出的少生祸乱的办法:"为之于未有,治之于未乱。"(六十四章)"图难于其易,为大于其细。"(六十三章)考虑难办的事情要从简易处着眼,实行大的计划要从细微处入手。

老子这些辩证法思想与前相较,无疑有很大进步,具有积极的意义。但是,受时代和阶级的局限,它也存在着很大的缺陷。老子只讲对立面的转化而脱离了转化的条件,这就导致他把贵柔、守雌、无为、不争奉作至高无上的原则,他不但用这一原则认识世界,而且还要把这一原则贯彻到社会政治及日常生活中。他看到人在活着的时候肢体柔软灵活,而死去后尸体僵硬;草木在生长期柔韧脆弱,生命竭止后也就干枯了,因此得出这样的结论:"故坚强者死之徒,柔弱者生之徒。"(七十六章)以为坚硬刚强的东西一定属于死亡的一类,而柔韧软弱的东西必定属于生存的一类。这种认识显然是直观、片面的,没有反映事物的本质规律。但老子不但反复申说这种观点,而且还进一步认为"柔弱胜刚强"(三十六章)。他因此主张要像水那样,柔弱、居下,"善利万物而不争"(八章)。要"知其雄,守其雌,为天下谿","知其白,守其辱,为天下谷"(二十八章)。这是说,知道自己的雄强,却安守自己的雌柔,甘做天下低洼处的水流。知道自己的洁白,却安守自己的黑污,甘做天下的低谷。他基于"物壮则老"(三十章)的直观认识,主张"去甚,去奢,去泰"(二十九章)。去掉极端、过度和无止境,主张"曲则全,枉则直,洼则盈,敝则新,少则得,多则惑"(二十二章)。是要立足于委曲、屈枉、低洼、旧破、少取不贪的柔静低下这一面,以达到保全、伸直、充盈、更新、实得、不迷惑的目的。所有这些思想主张,都表现出他朴素辩证法思想的直观片面性、保守性和不彻底性。

在认识论方面,老子轻视感觉经验和实践活动对认识过程的重要性,片面夸大理性认识的作用。他说:"不出户,知天下。不窥牖,见天道。其出弥远,其知弥少。是以圣人不行而知,不见而名,不为而成。"(四十七章)这是说,人们不必出房门,就能推知天下事情,不探头窥望窗外,就能看出日月星辰的运行规律。走得越远,知道得越少。因此圣人不用经历就知道,不用眼见就明了,不用作为就成功。老子这是认为,凡事都不必亲自体察,完全可以推想而知;实践多了,久了,只会对人的认识能力和认识结果起负作用。所以,他认为可以"塞其兑,闭其门"(五十六章),就是塞住察觉外物的耳目等感官,禁闭驰向外界的欲望之门，只要靠"致虚"、"守静"（十六章），"涤除玄览"（十章）的途径，也就是只要通过静观冥想的途径，就可以认识"道"，就可以认识世界。显然，老子是把理性认识绝对化了，用理性认识把感觉经验排斥到极其轻微的地位，这就使他在认识论上陷入了唯心主义。

老子在中国思想史上有着特别重要的地位和深远广泛的影响。早在先秦，不止道家的庄子，连儒家的荀子、法家的韩非等都曾受过老子思想的影响。韩非的著作中还有专门阐释发挥老子思想的《解老》、《喻老》两篇。汉朝初年，老子思想，特别是他"无为而治"的思想曾受到统治阶级的极大重视。汉武帝罢黜百家、独尊儒术而把儒家思想奉为正统思想后，在近两千年的封建社会中，老子思想仍能一直同孔子思想相抗衡。魏晋玄学盛极一时，显示了老子思想的巨大影响。而宋代理学也不无老子的影响。道教徒把老子奉为祖师，这虽与老子本人并无关系，但道教的思想的确受了老子思想的很大影响。与老子唯物主义理论的不彻底性有关，老子思想被后来分属于唯物、唯心的不同哲学派别作出不同的解释和发挥，对我国历史上唯物主义和唯心主义两大哲学流派的发展都很有影响。有人说："《道德》八十一章，注者三千余家。"这足见老子思想在后人心目中极其重要的位置，足见它对两千多年来中国思想史的深远影响。

《老子》是哲学著作，却明显带有诗歌的特征，所以，有人称之为"哲理诗"，有人称之为"哲理散文诗"。它有韵而不严格；常用对句，也用排句，但并不刻意追求严整一律，不以文害辞，句式灵活多变，流畅自如；通过许多比喻使抽象深奥的哲理具体化、形象化。

汉代以后，流传下来的《老子》一书，有多种本子，歧异之处很多。我们译注的正文，依据的是流行较广的魏王弼本，只在个别处作了改动，已在注释中说明。

《老子》一书，深奥难解，"玄之又玄"。我们学力不足，勉为其难。注译过程中，广泛吸取了古今学者的研究成果，其中更多地参考和吸取了现代学者高亨、朱谦之、任继愈、张松如和陈鼓应等先生的意见，取舍未必得当，恳望读者批评指正。

张玉春（暨南大学）
金国泰（北华大学）

上篇　道经

一　章

把"道"作为哲学概念提出来,是从老子开始的,它贯穿《老子》全书。

本章极力称述"道"高远深奥、无可名状而又至关重要,是万物的始源和根本。老子认为宇宙是从"无"到"有",是"无"产生了天地,天地又产生了万物。四十章说:"天下万物生于有,有生于无。"就是这个道理。至于"道"的本质是什么,是物质实体还是绝对精神,本章并没有明示。

道可道①,非常道②;名可名③,非常名。无④,名天地之始;有,名万物之母⑤。故常无,欲以观其妙;常有,欲以观其徼⑥。此两者,同出而异名,同谓之玄⑦。玄之又玄,众妙之门⑧。

【注释】

① 道可道:前一个"道"和下句中的"道",是《老子》书

中的哲学概念,大致说来,它有两方面涵义:其一,宇宙万物的本源、本体;其二,循环往复、周而又始的运动。"道"有多方面的特点。对于老子"道"的体会,一直很不一致。当今学者对它的分析解释,有唯物、唯心和二者兼有等不同认识(参见前言)。后一个"道",是动词,言说。② 常:王弼本及各本都作"常",帛书甲、乙本同作"恒"。原本当作"恒",因避汉文帝刘恒名讳而改作"常"。"常""恒"同义,本译注仍从通行习惯,不改。以下"常"字还有二十九例,帛书中只有十六章(四例)、五十二章(一例)和五十五章(二例)七例原来就作"常",其余二十二例都作"恒"。以下仿此章例,不改,也不再出注。③ 名可名:前一个"名"和下一句的"名",是老子特用的术语,是反映"道"的思维形式和表述"道"的语言形式,是称说"道"的名称。后一个"名"是动词,是命名、称谓的意思。④ 无:与下文的"有"是哲学上的一对名词。《老子》书中的"无"和"有",常被用来指称"道"。何浩埜、黄启乐说:"'道'本身包含着'无'与'有'、'常无'与'常有'两个不同的方面。'无',是作为天地鸿蒙、混沌未分之际的命名;'有',是作为万物本原的命名。""'无'和'有'分别代表世界产生过程的两个阶段。"(《从道的二重性看老子哲学体系的特点》)。⑤ 母:母体,根源。可参见二十五章和五十二章。⑥ 徼(jiào):边界,引申为端倪的意思。⑦ 玄:原意是深黑色,在《老子》书中是经常出现的重要概念,有深远、神秘、微妙难测的意思。⑧ 众妙之门:一切微妙变化的总门,指的是"道"。门是进出必经的通口,因此用来比喻天地万物的唯一本原——"道"。

【翻译】

　　道,可以说得出的,就不是永恒存在的道;名,可以叫得出的,就不是永恒存在的名。无,是天地原始的名称;有,是万物母体的名称。所以要从常无中,去观察道的微妙;从常有中,去观察道的端倪。无和有这两者,来源相同而称谓不同,都可说是幽隐深远而又幽隐深远,一切玄妙皆自此门而出。

二　章

本章内容包括两部分。前一部分鲜明集中地体现了老子朴素的辩证法思想。他列举了日常的社会现象和自然现象,如美与丑、善与恶、有与无、难与易、长与短、高与低等,由近及远,说明了世间万物不会孤立存在,而是互相联系,互相依存,互相作用,互相补充,任何事物都与自己的对立面同时存在,确认对立统一是永恒的、普遍的法则。后一部分提倡"无为"和不争。老子认为理想的"圣人"应该是随顺自然,用什么也不做("无为")的方式对待世事,用什么也不说("不言")的方式教化民众,对已经发生了的有功利的事情,既不管制,也不占有。不争功名。

天下皆知美之为美,斯恶已①;皆知善之为善,斯不善已。故有无相生,难易相成,长短相刑②,高下相盈③，音声相和④，前后相随——恒也⑤。是以圣人处无为之事⑥，行不言之教：万物作而弗始⑦，生而不有，为而不恃⑧，功成而弗居。夫唯弗居，是以不去。

【注释】

① 已：通"矣"。② 刑：王弼本作"较"。河上公本和傅奕本作"形"，帛书甲、乙本都作"刑"，"形"或"刑"与上下句谐韵，今据帛书本改作"刑"。通"形"，这里的意思是在比较、对照中显示出来。③ 盈：王弼本及各本都作"倾"，帛书甲、乙本同作"盈"，据改。"盈"的意思是充盈、补充。④ 音声："音"和"声"在古书中同义互用，但在这里与"有""无"、"难""易"、"长""短"等并列，也取相对立的意义。汉代郑玄为《礼记·乐记》作注时说，合奏出的乐音叫做"音"，单一发出的音响叫做"声"。⑤ 恒也：各本都没有这两个字，今据帛书甲、乙两本补入。⑥ 无为：这是老子社会政治思想最重要的原则，意思是对于世事应该顺乎自然，不必管束和干涉，任凭人们不经意地去做什么或不做什么。⑦ "万物"句：王弼本作"万物作焉而不辞"，今据帛书乙本及张松如《校读》改定。作：兴起，发生。始：通"司"（据高亨说）。治理，管制。与五十一章"长而不宰"之"宰"同义。另，有些学者把"始"解释为倡导，提倡。⑧ 恃：依赖。据河上公注解，这里是希望报答的意思。

【翻译】

天下都知道美之所以为美，丑的观念也就产生了；都知道善之所以为善，恶的观念也就产生了。所以有和无互相依存，难和易互相形成，长和短互相显示，高和下互相补充，合音与单声互相谐和，前和后互相接应——这是永恒不变的。因此圣人用无为的方式对待世事，用不言的方式施行教化：任凭万物自然发生而不管制，生养万物而不占有，助长万物而不望报答，功业成就而不自居。正因为不居功，所以功绩也就不会离开他。

三　章

老子虽然看到了矛盾突出、动乱不安的社会现实,却没有,或者说不能认识动荡的根本原因,因此才从一个方面提出了这样的排难解纷的设想:只给人们以口腹的饱足,却不让他们有竞争的目标、欲望和心智;以为这样人民就不会有竞争的行为,自然也就不会出现竞争动乱的社会了。从这种设想的具体含义看,老子主张"不尚贤"、"使民无知",与"愚民政策"还不是一回事,他只是要人们回到一种无矛盾的"无为"境界。

不尚贤①,使民不争;不贵难得之货②,使民不为盗;不见可欲③,使民心不乱。是以圣人之治,虚其心④,实其腹,弱其志⑤,强其骨。常使民无知无欲,使夫智者不敢为也。为无为,则无不治。

【注释】

① 尚贤:崇尚贤才。这在老子时代是引人注重的进步主张。② 货:财物。③ 见:通"现",现露,这里是显示、炫耀的意思。④ 虚其心:使他们心里空虚,无思无欲。⑤ 弱其志:使他们减弱志气。

【翻译】

不标榜贤能,使人民不争功名;不看重难得的财货,使人民不行偷盗;不显耀可能引起贪心的事物,使民心不被迷乱。因此圣人治理天下,总要简化人民的思想,填饱人民的肚子,减弱人民竞争的意志,增强人民的筋骨。经常使人民没有知识没有欲望,使那些有才智的人也不敢妄为。能按照无为的办法去做,那么天下就不会不太平了。

四 章

本章是对"道"的描述和赞颂。老子称颂"道"虽然虚不见形,却不是空无所有,而是无限博大,用之不竭;"道"无限深远,虽然无法再向上追溯它的来历,但却可以向下追踪,它不只像是万物的宗祖,而且它也很像是上帝的先祖。因此,不是上帝造物,而是"道"生上帝,继生万物。

道冲,而用之或不盈①。渊兮②,似万物之宗;〔挫其锐③,解其纷,和其光,同其尘,〕湛兮④,似或存⑤。吾不知谁之子,象帝之先⑥。

【注释】

①"道冲"二句:可参见五章"虚而不屈";四十五章"大盈若冲,其用不穷"。冲:通"盅",器物虚空。不盈:不穷。②兮:帛书本写作"呵",下同。③"挫其锐"四句:这

几句在五十六章重复出现,很多学者以为这里是衍文。帛书甲、乙本有这几句。本章不注不译。④ 湛(zhàn):沉没。段玉裁在《说文解字注》中说,古书中"浮沉"的"沉"多写作"湛"。"湛"、"沉"古代读音相同。这里用来形容"道"隐没于冥暗之中,不见形迹。⑤ 似或存:似乎存在。连同上文"湛兮",形容"道"若无若存。参见十四章"无状之状,无物之象,是谓惚恍"等句。⑥ 象:似。也有人认为是显像、出现的意思。

【翻译】

　　道空虚无形,但它的作用却不会穷尽。深远啊,它像万物的宗主;隐没不见啊,又好像实际存在。我不知道它是从哪里生出来,只知道它像是天帝的祖先。

五　章

本章由天道推论人道,中心是清静无为。老子认为,天地对万物冷漠不仁,任随它们生生灭灭;圣人对百姓也无所恩爱,任随他们动作生息。自然和社会本来都像风箱一样,虚空而不穷竭,动与静会自然调节互补。老子告诫人们,增广见闻不如清虚守静,有为不如无为。

天地不仁,以万物为刍狗①;圣人不仁,以百姓为刍狗。天地之间,其犹橐籥乎②？虚而不屈③,动而愈出。多闻数穷④,不如守中⑤。

【注释】

① 刍(chú)狗:用草扎成而专用于祭祀的狗,祭祀完毕,就把它扔掉或烧掉。本文用作比喻:天地对万物,圣人对百姓都因不经意、不留心而任其自长自消、自生自灭。正如元代吴澄所说:"刍狗,缚草为狗之形,祷雨所用也。

既祷则弃之,无复有顾惜之意。天地无心于爱物,而任其自生自成;圣人无心于爱民,而任其自作自息,故以刍狗为喻。"另一派说:"刍狗","乃始用终弃之物也"。"天地之于万物,圣人之于百姓,均始用而旋弃,故以刍狗为喻,而斥之为不仁。"可供参考。② 橐籥(tuó yuè):风箱,是冶炼时为炉火送风助燃的器具,据吴澄说。③ 屈:竭尽。④ "多闻"句:"多闻"两字,通行本作"多言",焦竑说龙兴碑作"多闻",马叙伦说《文子·道原篇》作"多闻",帛书甲、乙两本正作"多闻"。今据帛书本改作"多闻"。老子认为,见多识广,有了智慧,反而破坏了天道。此句可参见十二章:"五色令人目盲,五音令人耳聋。"数:通"速",意思是加快了。穷:困穷,无路可行。⑤ 中:这里指内心的虚静。

【翻译】

天地对万物无恩无为,而听凭它们自长自消;圣人对万物也无恩无为,听凭他们自生自灭。天地中间,大概像是风箱吧?空虚却不会竭尽,动起来排风不止而生风不停。增广见闻会加速困穷,不如保持内心的清静。

六　章

本章上承第四章,继续描述和颂扬"道"。"道"能生天地养万物,故曰"谷神"。不死言其历久不衰,"道"是天地万物的总根源,"道"无时不在,长用不竭。

谷神不死①,是谓玄牝②。 玄牝之门③,是谓天地根。 绵绵若存④,用之不勤⑤。

【注释】

① 谷神:据高亨说,谷神者,道之别名也。谷即榖,《尔雅·释言》:"榖,生也。"《广雅·释诂》:"榖,养也。"谷神者,生养之神。另据严复在《老子道德经评点》中的说法,"谷神"不是偏正结构,是联合结构。谷,形容"道"虚空博大,像山谷;神,形容"道"变化无穷,很神奇。② 玄牝(pìn):玄妙的母性。这里指孕育和生养出天地万物的母体。玄:见一章注。牝:本义是雌性的兽类,这里借喻具有

无限造物能力的"道"。③ 门:指产门。这里用雌性生殖的产门来比喻造化天地的根源。④ 绵绵:不绝的样子。一说犹冥冥,不可见的形容词。若存:据宋苏辙解释,是实际存在却无法看到的意思。若:好像。⑤ 勤:尽,竭尽。

【翻译】

　　道这个生养天地万物的神物长存永在,就叫做玄妙的母体。玄妙母体的产育之门,就叫做天地的本根。它好像绵绵不绝地存在,其作用是无穷无尽的。

七 章

本章也是由天道推论人道,反映了老子以退为进,"无为而无不为"(三十七章)的思想主张。老子认为,天地长存的原因就在于不立意为自己而生,也就是"无为"、"不争"、"无私"、顺应自然,结果却是得以"长生";世间"圣人"效法天道,退身忘己,结果同样也会得到本来没有期望过的私利。

天长地久。 天地所以能长且久者,以其不自生,故能长生。 是以圣人后其身而身先①,外其身而身存。 非以其无私邪? 故能成其私。

【注释】

① 身:自身,自己。以下三个"身"字同。先:居先,占据了前位。这里是高居人上的意思。

【翻译】

　　天地是长存的。天地之所以能长存永在,是因为它们的生存不为自己,所以才能长生。因此圣人使自己居于人后,自己反能占先;把自己置于度外,自己反得保全。这不正因为他没有私念吗?反而达到了他的私人目的。

八　章

本章把"上善"的人,即"圣人",比作水,并用水的性状来描绘和歌颂"上善"之人的品格。颂扬方面虽多,但核心是谦退不争。老子以为这才最接近"道",有了这种品格才能够无怨无咎。实际是要以柔克刚,以退为进,用不争以达到争的目的。

上善若水①。水善利万物而不争,处众人之所恶,故几于道②。居善地③,心善渊④,与善仁⑤,言善信,正善治⑥,事善能,动善时。夫唯不争,故无尤⑦。

【注释】

① 上善:指上善之人。另,有人认为系指上等的善行。② 几(jī):接近。③ 地:用作动词性谓语,这里的具体意义是选择低下的地方。④ 渊:深。这里形容内心深沉

的状态。⑤"与善"句：与，同别人交接联系。帛书乙本此句作"予善天"，有的学者认为更符合老子思想。值得参考。⑥ 正：通"政"。⑦ 尤：过失。

【翻译】

上善的人就如同水。水善于滋润万物却不同万物相争，处在人人都厌恶的低下地方，所以它同道最接近。上善的人居处善于选择地方，心胸善于保持深沉，待人善于贯通仁爱，言语善于讲求信用，从政善于治国，临事善于发挥才能，行动善于随顺天时。只因为与物无争，所以没有过失。

九　章

本章告诫人们凡事要避免满盈和崭然外露,应该适可而止,知退守柔,这样才符合天道,才可以免遭祸殃,长久不败。可参见七十六章和二章后半部分。

持而盈之①,不如其已②。揣而梲之③,不可长保。金玉满堂,莫之能守;富贵而骄,自遗其咎。功遂身退④,天之道⑤。

【注释】

①"持而"句:抱持盈满之势,这里隐指自满自足、自我膨胀。另,"持"字在帛书甲、乙本中都写作"揟",这与汉严遵写作"殖"形近,张舜徽以为帛书写法是"殖"的错字,许抗生以为帛书写法通"殖",取积累的意思,那么,全句就可解为积累以使之满盈。可供参考。②已:止。这里与上句"持"相对,是不持,因此有退止、缩减的意思。③"揣

而"句：锻造金属器具，使之尖锐，这里比喻锋芒外露。揣：通"段（锻）"，锻造。梲（ruì）：通"锐"。河上公本及《淮南子·道应训》作"锐"。王弼注文："既揣末令尖，又锐之令利。"可证王弼古本原来也作"锐"。④"功遂"句：可参见二章"生而不有，为而不恃，功成而弗居"。遂：成。⑤ 天：成玄英认为说的是自然。

【翻译】

抱持满盈态度，不如相机退止。锻造得尖锐锋利，不能长久保全。金玉满堂，没有能守得住的；富贵而骄奢，就给自己留下了灾祸。功业有成，便即身退，才合乎自然的道理。

十 章

本章采用只问不答、寓答于问的形式,具体从六个方面提出个人修身养性乃至参与社会政治的指导性原则,基本精神就是形神合一、尚柔、净心、无为、守雌和弃智。

载营魄抱一①,能无离乎? 专气致柔②,能婴儿乎? 涤除玄览③,能无疵乎? 爱民治国,能无为乎④? 天门开阖⑤,能为雌乎⑥? 明白四达,能无知乎⑦? 〔生之畜之⑧,生而不有,为而不恃,长而不宰,是谓玄德。〕

【注释】

①"载营"句:全句是说精神(营魄)和形体(一)合为一体,不能分离。载:刘师培据王逸《楚辞》注,解为抱。营魄:魂魄,与形体相对的精神。抱一:据高亨说,"一"就是身,形体。"抱一"即守身。 ② 专:通"抟",聚结。 ③ 涤

(dí)除：洗刷掉污垢灰尘。览：高亨认为通"鉴"。帛书乙本作"监"，正是"鉴"的古字。在磨制的铜镜出现以前，古人用盆盛水来观照面容，这叫"监"（后来写作"鉴"），也叫"水监"。玄览：即玄鉴，这里用作借喻，把幽深明澈的心灵直比为玄妙明净的鉴。译文意译作"镜"。④ 为：王弼本作"知"。唐景龙碑作"为"，俞樾以为义胜而从之。此据改。⑤ 天门：指人体天赋的耳、目、口、鼻等感官。开阖(hé)：开闭。这里"开"指接受外物刺激，"阖"指不受外物刺激的干扰，有自我守静的控制能力。⑥ 为雌：王弼本、河上公本作"无雌"，傅奕本和帛书乙本（甲本缺文）都作"为雌"，据改。为雌，这与以柔克刚、以弱胜强的思想是一致的。意思是说当感官在感受外物时，能随顺外物，应而不为。⑦ 知：王弼本作"为"。唐景龙碑作"知"，俞樾以为义胜而从之，帛书乙本作"知"，此据改。⑧ "生之"以下五句：在五十一章重见。马叙伦认为这五句"与上文义不相应"，"为五十一章错简"。这里不注不译。

【翻译】

精神和形体合一，能不分离吗？聚结自然之气以达到柔和的境地，能像婴儿那样纯真吗？洗刷玄妙的心镜，能不染一尘吗？爱民治国，能顺乎自然而无所作为吗？耳目口鼻和外物接触，能顺随万物、应而不为吗？知道了天下四方的事情，能知而不以为知吗？

十一章

本章主要论述"无"和"有"的关系,但这里的"无"和"有"不是见于第一章指"道"而言的哲学概念,而是指广泛反映在自然界和人类社会中的具体的"无"和"有"。"有",是指可以触及到的物质实体;"无",是指物质实体的中空部分。通常,人们普遍重视各种实有,因为觉得它有作用;普遍忽视各种空无,因为未留心它有什么作用。老子用车毂、陶器和居室三例,说明世间万物无不存在具体的"有"和"无"的对立统一,实有之物会给人们带来各种便利,但是它有赖于自身空无部分的补充、配合作用。有与无,利与用,是互相依存的。

三十辐共一毂①,当其无、有②,车之用。 然埴以为器③,当其无、有,器之用。 凿户牖以为室④,当其无、有,室之用。 故有之以为利,无之以为用。

【注释】

① 辐(fú)：车轮中连接轴心和轮圈的若干直木条，如同现代自行车的轮条。共：通"拱"，环抱，围绕。毂(gǔ)：车轮中心有圆孔的部位，里边贯轴，外边承接车辐。② "当其"八句：帛书本在三个"用"字下都有语气词"也"。对这一段文字的另一种断句方法是："当其无，有车之用。然埴以为器，当其无，有器之用。凿户牖以为室，当其无，有室之用。"断句法不同，理解也有分歧。本章断句依据马叙伦、高亨和张松如等人意见。当：配，配合。这里是使动用法。另，高亨以为"当"相当于"在"的意思。③ 然：王弼本作"埏"，这里根据帛书甲本改作"然"。"然"是"燃"的古字，这里具体指制陶时在窑内燃火烧烤土坯。埴(zhí)：黏土。④ 户牖(yǒu)：户是门，牖是窗。这里以"户牖"代替屋室的结构部件。

【翻译】

三十根辐条装于一个毂上构成车轮，有了空的毂心和实有的毂体，才能安装在轴上起车轮的作用。烘烧土坯制成陶器，有了空的陶腹和实有的陶体，才能起到器皿容纳的作用。开凿门窗建造房屋，有了屋内的空处和实有的门窗墙壁，才有房屋住人的作用。所以，有给人们提供物质便利，无发挥实际作用。

十 二 章

本章核心是主张"为腹不为目",也就是只希望实现最低程度的安饱平静的生活,禁绝感官对纷繁多样的物质世界的欲求。老子认为,扩张外欲、接受外物的多种诱惑和刺激会令人失去本真而生出心智巧伪,会扰乱人的思想行为,因此破坏了自然清静。这与前面第三章的基本思想倾向是一致的。

五色令人目盲①,五音令人耳聋②,五味令人口爽③,驰骋畋猎令人心发狂④,难得之货令人行妨⑤。是以圣人为腹不为目⑥,故去彼取此⑦。

【注释】

① 目盲:比喻眼花缭乱,即俗语说的"看花了眼"。这实际是说外物诱惑增多,人就会不知饱足,纵欲不止。以下"耳聋"、"口爽"与此同例。② 五音:指宫、商、角、徵

(zhǐ)、羽五种音调。耳聋：比喻听觉迟钝、麻木，不辨清浊优劣。③ 爽：伤败。古人有时用"爽"称口病。这里与上面"盲"、"聋"相对，是不能分辨滋味的意思。④ 畋(tián)：打猎。发狂：高亨说"发"字是衍文。⑤ 行妨：操行受到损害。这里可以理解为特指发生劫夺、偷盗行为，参见第三章："不贵难得之货，使民不为盗。"⑥ 为腹不为目：用"腹"表示非常容易满足的简单清静的生活，用"目"代表耳、口、身、心，表示不易满足、容易产生巧伪和打破清静的欲望。可参见第三章："不见可欲，使民心不乱"，"虚其心，实其腹，弱其志，强其骨"。⑦ 彼：指"为目"的生活。此：指"为腹"的生活。又高亨说："故去彼取此"，复申前文，似后人注语。供参考。

【翻译】

　　五色使人视觉不明，五音使人听觉不灵，五味使人味觉不清，纵马狩猎使人心思狂荡，难得的财物使人操行损坏。因此圣人教导百姓只求安饱而不贪声色，所以舍弃那些物欲而只求饱足。

十 三 章

本章反映了老子宠辱居下、无我利物的思想。崇尚屈辱、甘居人下,这是老子贵柔、守雌的一贯思想。无我,并不是忘却自我和抛弃自我,而是不为个人利益患得患失,要以自身为天下,但最终还是以退为进,以不争为争,以无我的策略达到了利我的结果,自身得到了天下。可参见前面第七章和后面第二十八章、七十八章和八十一章的有关内容。

学者对本章一些字词文句及通章大意的理解分歧较多。如有些学者认为本章意在说明"贵身"的思想;又如有的学者认为本章大意是说"圣人"不以宠辱荣患等身外之事易其身,还是接着上章"是以圣人为腹不为目"一义说的。这些说法可供参考。

宠辱若惊,贵大患若身①。何谓宠辱若惊? 宠为下②，得之若惊，失之若惊，是谓宠辱若惊。何谓贵大患若身？吾所以有大患者，为吾有身；及吾无身，吾有何患？故贵以身为天下③，若可寄天下；爱以身为天下，若可托天下。

【注释】

①"宠辱"二句：这两句总领全文，但不易理解，争论较多。根据刘师培、马叙伦和张舜徽等人的说法，"宠"与"贵"是对文，都是动词，"宠"是说尊宠、宠爱，"贵"是说重视；"辱"与"大患"是对文，分别作"宠"和"贵"的宾语。② 宠为下：宠爱居于下位。为下，是对上句"辱"的具体解释。老子主张"知其白，守其辱，为天下谷"（二十八章），认为"贵以贱为本，高以下为基，是以侯王自称孤、寡、不谷"（三十九章）。③"故贵"以下四句：依高亨说，这是主张无身、无我、无私。八十一章说："圣人不积，既以为人，己愈有；既以与人，己愈多。天之道，利而不害；圣人之道，为而不争。"与这种思想是一致的。这四句译文参考了许抗生的译法。若：相当于"乃"，就。

【翻译】

尊宠卑辱以至于为它惊惶不安，重视大忧患以至于如同重视自身。什么叫尊宠卑辱以至于为它惊惶不安？因为所尊宠的卑辱居于下位，得到它会惊喜不安，失掉它会惊恐不安，所以说尊宠卑辱以至于为它惊惶不安。什么叫重视大忧患以至于如同重视自身？我之所以有大忧患，乃是因为我有此自身；假如我无此自身，那么我有什么忧患呢？所以，看重以自身为天下的，就可以把天下寄交给他；情愿以自身为天下的，就可以把天下托付给他。

十 四 章

本章着力描述"道"。"道"神妙莫测,超出现实世界中人们的各种感觉,因此人们无法绘其色,摹其声,述其状。但它虽似无状而有状,虽然缥缈却不虚无,虽然恍惚迷离、不见头尾,却可以迎之、随之,因而是实在的。章末又讲了"道"的运用,掌握了"道",可以治今知古,这是"道"的规律。

视之不见,名曰夷①;听之不闻,名曰希②;搏之不得,名曰微③。此三者不可致诘,故混而为一④。其上不皦⑤,其下不昧,绳绳不可名⑥,复归于无物⑦。是谓无状之状,无物之象,是谓惚恍⑧。迎之不见其首,随之不见其后。执古之道,以御今之有⑨,能知古始⑩,是谓道纪。

【注释】

① 夷:泯没无迹。与下文的"希"、"微"都用来称述超

出人们正常感觉的"道"。张松如说:"视、听、搏之与夷、希、微,诸本交错,似无固谊,大约都是幽而不显的意思,不过就视、听、搏几个不同方面言之罢了。"② 希:寂然无声。③ 微:没有形状。④ "故混"句:这是说"道"是还未分化成具体事物的原始物质。二十五章说"有物混成",与此同义。故:高亨以为通"固",原本、本来的意思。混:指浑然一体,未经分解。⑤ 皦(jiǎo):光明。⑥ 绳绳:绵绵不绝,不见端绪的样子。名:帛书乙本作"命",这里是命名、称名的意思。不可名,是无法称呼它。参见第一章:"道可道,非常道;名可名,非常名。"二十五章:"吾不知其名,强字之曰道,强为之名曰大。"⑦ "复归"句:陈鼓应说,和十六章"复归其根"意思相同。复归,就是还原。无物,不是一无所有,它是指不具任何形象的实存体。"无"是相对于我们感官来说的,任何感官都不能知觉它("道"),所以用"无"字形容它的不可见。⑧ 惚恍:即恍惚,双声连绵词,这里颠倒前后两个字,是为了谐韵。二十一章说:"道之为物,惟恍惟惚。惚兮恍兮,其中有象;恍兮惚兮,其中有物。"与此同理。恍惚就是若有若无、闪烁不定的样子。⑨ 有:这里指现实存在的具体事物。与第一章专指称"道"的名词"有"不同。⑩ 古始:远古的起源,也就是宇宙的原始或"道"的端始。

【翻译】

看它看不见,称它作夷;听它听不到,称它作希;摸它摸不着,称它作微。这三种名物无法推究,原本就是浑然一体。它的上面不明亮,它的下面不阴暗,它绵长不绝无法称名，返本归根又空不见物。叫做没有形状的形状，没有物象的形象，这就叫惚恍。迎着它却看不见它的前头，跟随着它又看不见它的终尾。掌握住古远的道，用来驾驭现实的具体事物，能了解远古的起源，这就叫道的规律。

十 五 章

本章专门描述和歌颂得"道"的人。他"微妙玄通,深不可识",因此无法为他写状,只能勉强通过多种比喻来描述他的举止形容、精神境界、超常能力和行为原则。他谨慎稳重,心存戒惧;他庄重而又涣散,朴实而又虚旷;他如愚而实不愚;他能居静守柔而由之生动出强;他坚持戒满守缺的原则。

古之善为道者,微妙玄通,深不可识。夫唯不可识,故强为之容:豫兮若冬涉川①,犹兮若畏四邻②,俨兮其若客③,涣兮若冰释④,敦兮其若朴,旷兮其若谷,混兮其若浊⑤,〔澹兮其若海,飂兮若无止⑥。〕孰能浊以静之徐清⑦? 孰能安以动之徐生? 保此道者不欲盈⑧。夫唯不欲盈⑨,故能蔽而不成⑩。

【注释】

① 豫:与下句中的"犹"合起来是古今都常见习用的

双声连绵词"犹豫",这里由于表达的需要,把它拆开分用到上下两句中,两处都表示犹豫的意思。译文取大意。兮:王弼本作"焉",同下几句不相应。今据傅奕本改作"兮"。② 四邻:这里指周边邻国。③ 客:王弼本作"容"。河上公本、傅奕本和帛书甲、乙本都作"客",据改。④ "涣兮"句:王弼本作"涣兮若冰之将释"。帛书甲、乙本无"之将"二字,据删。涣:涣散,流散。⑤ "混兮"句:高亨说这一句的意思是"去察",就是去除明察。据此,可理解这是比喻不显露聪慧明智,因而表面愚昧,糊里糊涂,像泥沙混杂的浊流一样。老子主张内敛,如四十一章"明道若昧"、"大音希声",四十五章"大盈若冲"、"大巧若拙",五十八章"光而不耀"。另,任继愈此句的译文是:"包容一切啊,(他)像长江大河一样的混浊。"⑥ "澹兮"二句:这是今见各本二十章中的句子,但与二十章上下文意不相应,严灵峰认为同本章各句文例一律,陈鼓应据严说移入本章。此从之。澹(dàn):淡泊、沉静。飂(liù):高风。这里形容飘逸无止境。⑦ "孰能"以下二句:王弼本"动"字上有"久"字,景龙本、吴澄本和帛书甲、乙本都没有,据删。这两句各本文字互异,各家理解不一。吴澄说:"浊者动之时也,动继以静,则徐徐而清矣。安者静之时也,静继以动,则徐徐而生矣。安谓定静,生谓活动,盖惟浊故清,惟静故动。"文中"浊""动""生"属于动的方面,与之相对的"清""静""安"属于静的方面。可以认为,这里是以疑问的对句形式,表述只有得"道"之人才能守静,而由静会自然生动,这也就是说,要居守阴柔,才能生出阳刚。守静、尚柔是老子思想的重要原则。⑧ 不欲盈:不贪求圆满极至。戒满守缺也是老子的一贯原则。⑨"夫唯"句：王弼本没有"欲"字，此据帛书甲本和前后文意补入。⑩"故能"句：王本作"故能蔽不新成"，帛书乙本作"是以能斃(敝)而不成"，甲本缺字，傅奕本作"是以能敝而不成"。诸家所据不一，说法颇多。今参酌改作"故能敝而不成"。敝：破败，引申为破损，破残，残缺不完全。成：完成，引申为完备、完满的意思。本句译文采用意译。

【翻译】

古代善于行道的人，幽微、精妙、玄奥、通达，高深得无法看透。正因为无法看透，所以勉强对他作些形容：小心谨慎啊像严冬里蹚水过江河，瞻前顾后啊像畏惧周围的邻邦，矜持庄重啊像是宾客，涣散不羁啊像冰冻融解，敦厚朴实啊像原初的木材，空旷开阔啊像山壑空谷，混沌黯然啊像江河的浊流，〔淡泊沉静啊像深广的大海，飘逸自如啊像没有定止。〕谁能面临翻滚的浊流而让它安静下来，慢慢地澄清？谁能在安定中运动起来，慢慢地加大运动？保持此道的人不贪求满盈。正因为不贪求满盈，所以能够实际做到有所亏缺而不尽完满，但却永远不会穷尽。

十 六 章

本章前一部分讲"致虚"、"守静"和"归根"、"复命",归结出"复命曰常"的重要观点;后一部分从正反两方面论述"知常"的重要功用。"致虚"和"守静"是要实现并守护内心的透明、虚无与安静,这与整个外在世界的虚静是和谐一致的。"复命曰常"是老子对世间万物变化的总认识。他认为,现象虽然纷纭众多,但都是循环往复的简单过程,由静生动,由动归静,从哪个虚静的原点发生,还要归结到哪个虚静的原点上。所以,动是相对的,静是绝对的,动只是在静中的动,静主宰着动。"归根""复命"的虚静是永恒不变的矛盾法则,叫它作"常"。二十六章"静为躁君",是这一思想的重现。老子又主张把这种认识运用到社会政治生活中去,认为:如果不接受"归根""复命"的原则,就会轻举妄动,就会遭受祸殃;如果顺应这一原则,就可以包容一切,坦然大公,做天下王,符合自然,符合"道",安常处顺,免遭祸殃。有人以为,这种思想实际上就是后来庄子所说的"内圣外王"之道。

致虚极①，守静笃②。万物并作③，吾以观复④。夫物芸芸⑤，各复归其根⑥。归根曰静，是谓复命⑦。复命曰常⑧。知常曰明；不知常妄，妄作凶⑨。知常容⑩，容乃公，公乃王⑪，王乃天，天乃道，道乃久，没身不殆⑫。

【注释】

①"致虚"句：老子的"虚极"并不是穷尽，参见五章："虚而不屈，动而愈出。"四十五章："大盈若冲，其用不穷。"② 笃(dǔ)：厚，实。③ 作：兴起。"作"本包含着由原初的不动而开始动，由未起而起的意思；这里指由虚静而开始发生发展。④ 以：通"已"。复：返还。这里承上句指万物回归到原来的状态，由作而复归到不作的虚静状态。⑤ 芸芸：纷繁众多的样子。⑥ 复归其根：简言之，就是下句的"归根"。"归根"是回归到始根本原，而始根本原是虚静。⑦"归根"二句：张松如说："老子是以'归根'一辞作为'静'的定义，又以'复命'一辞作为'静'的写状。如果说'并作'包含着'动'的意思，那么'归''复'便属于'静'的境界。正是在这'静'的境界中再孕育着新的生命，此所谓'静曰复命'。"（张松如据他本改"是谓复命"为"静曰复命"。）复命：就是复归性命本原，这一本原是虚静，是蕴育着动的虚静，又是动后复归的虚静。⑧ 常：恒常不变，这里的特定含义是制约万物动静变化的长久不变的法则，即

规律。⑨"不知"二句：各本在"常"下只有一个"妄"字，在"常"下停句，今据帛书"妄"下重文符号补入一个"妄"字。⑩ 容：包容，无所不包。⑪ 王：劳健根据谐韵关系、王弼注文"无所不周普"和道藏龙兴碑本"生"字异文，判定"王"是"全"的讹字，朱谦之、张松如和陈鼓应都支持此说，但是，各本无一作"全"者，帛书甲、乙本都作"王"，所以，劳健说虽融通有据而未取。⑫ "王乃"四句：高延第认为，这几句就是二十五章"人法地，地法天，天法道，道法自然"的意义。殆（dài）：危险。

【翻译】

让内心虚无达到顶点，要切实不移地守护清静。虽然万物都发生发展，我已经观察到其返还的过程。万物纷繁众多，都要重返它们的本原。返回本原就是虚静，这就是回归于性命本原。回归于性命本原是顺乎自然的规律。认识了自然规律才是聪明；不认识自然规律便会轻举妄动，轻举妄动会遭受祸害。认识自然规律就能无所不包容，能包容一切才能大公无私，大公无私才能主宰天下，主宰天下才能顺应自然，顺应自然才能符合道，符合道才能长久，终生不会遇到危难。

十 七 章

本章从百姓感受和反应的不同,顺次排列了四种君主。老子认为,堪称"太上",即最符合于"道"的圣君明主,对百姓不仅没有欺哄谎骗,没有律令刑罚,而且也没有德泽抚爱。因此,百姓对这样的君主也没有什么恩怨毁誉,仅知有君而常似无君,这就是摆脱了君主的命令干预,一切都顺应自然,实现了"处无为之事,行不言之教"(二章)。

太上①,下知有之②;其次③,亲而誉之④;其次,畏之⑤;其次,侮之⑥——信不足,焉有不信⑦。悠兮其贵言⑧。功成事遂,百姓皆谓:"我自然⑨。"

【注释】

① 太上:至上,最好。这里指最好的君主。② "下知"句:下民百姓只知道有君主存在。其原因是这种君主不仅不建树轰轰烈烈的功业,而且也不以任何方式闯入百姓平

静自在、无拘无束的生活。下：指下民百姓。③ 其次：指次一等的君主。④ "亲而"句：百姓亲近并歌颂他。其原因是他立善行施，以德政抚爱百姓。⑤ 畏之：畏惧他。其原因是有威权律令、严刑苛法。⑥ 侮之：轻慢他。其原因是赏罚不明，缺乏诚信。高延第说："政教不立，刑赏贸乱，百姓叛之。"⑦ "信不"二句：王弼本作"信不足焉有不信焉"。帛书甲、乙本和傅奕本都没有后一个"焉"字，今据以删去。前一个"焉"字，应在下句之首，相当于"于是"，此据王念孙说（见《读书杂志》）。"焉"字的这种用法，也见于帛书第十八章。⑧ 其：指"太上"之君。贵言：以言为贵，就是不轻易出言，这里指慎于言教，不轻易发号施令。⑨ "百姓"二句：是说君主"处无为之事，行不言之教"，所以，百姓有所成就，都不认为有君主的作用。《帝王世纪·击壤歌》："日出而作，日入而息，凿井而饮，耕田而食，帝力于我何有哉？"正反映了这种"无为而治"的思想。自然：本来如此。《老子》书中的"自然"一语在本章、二十三章、二十五章、五十一章和六十四章共出现五次，都不表示客观存在的自然界，而表示不加外来的强制力量，任其自成自就，也就是原本如此的状态。

【翻译】

最好的君主，下民百姓只知道有他这个人；次一等的君主，百姓亲近并颂扬他；再次一等的君主，百姓畏惧他；更次一等的君主，百姓轻慢他——上面诚信不足，于是就会有人不信任上面。圣君明主多么悠闲啊，他很少发号施令。事情成功了，百姓都说："我们本来就是这样的。"

十八章

老子慨叹世风不古,每况愈下,即"失道而后德,失德而后仁,失仁而后义"。他揭示出在德政礼治社会中被一个方面所掩盖着的另外一个方面,指出与人们所褒扬的仁义、智慧、孝慈和忠良等相对存在的是大道废弃、饰伪萌生、六亲不和、国家昏乱。这种认识渗透着十分可贵的辩证法思想。另外,本章显然流露出这样的认识:只有摒弃智慧,摒弃行为准则(仁义),才符合大道,才能返回浑厚纯朴、自然无为的原初社会。这与上章崇尚"太上"圣君、下章"绝圣弃智"等思想,是一气相通的。

大道废①,焉有仁义②;慧智出③,焉有大伪;六亲不和④,焉有孝慈;国家昏乱⑤,焉有忠臣。

【注释】

① 大道:这里是老子理想社会的最高原则。它所要

求的是纯朴自然、无邪无争、没有任何政教律令的原初社会状态。② 焉有仁义:河上公本、王弼本无"焉"字。帛书甲本作"案"字,乙本作"安"字,古"案""安"相通。傅本作"焉",据改。焉,即于是也,义与案同。以下"焉有大伪"等三句同例。③ 慧智:与"智慧"同。老子以为智慧出是对无知无欲的原初社会的破坏。④ 六亲:指父子、兄弟、夫妻。⑤ 国:各本都作"国"。帛书甲本作"邦"。原本当作"邦",晚于甲本的乙本及其后各本因避汉高帝刘邦名讳而改作"国"。"邦""国"是同义词,本译注从通行习惯,不改"国"字。全书"国"字共二十八例,帛书甲本十章、六十章缺文,五十九章作"国",其余都作"邦"。以下仿此章例,都不改,也不再出注。

【翻译】

大道废弃了,于是宣扬仁义;智慧产生了,于是滋生虚伪;家庭不和顺了,于是需要子孝父慈;国家昏乱了,于是标榜忠臣。

十 九 章

与前章接连贯通,本章主要述说消除社会弊病的主张。他主张返本归真,以实现无私、无欲、无学,因此也就无为、无争和无忧。

绝圣弃智①,民利百倍;绝仁弃义,民复孝慈②;绝巧弃利③,盗贼无有。此三言④,以为文不足⑤,故令有所属⑥:见素抱朴⑦,少私寡欲,绝学无忧⑧。

【注释】

① 圣:聪明。高亨说,《老子》书中"圣"字取"圣人"义有三十余次,只有这一个"圣"字的意思是"博通深察"、"大智"。②"绝仁"二句:承上章,可知老子说"绝仁弃义"是要恢复"大道"。因此,"民复孝慈"不是维持"六亲不和"中难得的家庭孝慈,而是恢复"大道"后体现于社会的敬老爱幼、融洽和睦的人际关系。③"绝巧"句:老子认为,没有

稀世奇巧之物，就不会有盗贼，正如第三章说："不贵难得之货，使民不为盗；不见可欲，使民心不乱。"巧、利：王弼注："用之善也。"与上文"圣""智"、"仁""义"文例相同，"巧""利"意义并列相关。"巧"指随着社会发展而出现的精巧工艺、进步技术，"利"指稀有物品，可以包括便利的生产生活用品，也可以包括奢侈品。另，陈鼓应译此句为：抛弃掉巧诈和货利。④ 三言：王弼本及各本都作"三者"，帛书甲、乙本同作"三言"，据改。⑤ 文：法度，原则。⑥ 属：归属，适从。⑦ 见："现"的古字，显露，外现。素：没有染色的生丝。这里比喻原初状态，单纯，不加文饰，不华丽。抱：持守，这里指守护内心。朴：没加工的原木，这里比喻质朴纯真。⑧ "绝学"句：王弼本及其他各本都把这句放在下章的开头。蒋锡昌据文意认为应作本章的"总结"，高亨更从句法、谐韵和文意三方面证明"应属本章"。今多从此说，此据以移入本章。

【翻译】

抛弃掉聪明和智巧，人民就能获益百倍；抛弃掉仁和义，人民就能恢复敬老爱幼的天性；抛弃掉技巧和稀奇物品，盗贼就会绝迹。这三句话，当作原则还不够，所以要让人们有所遵循：外表单纯，内心质朴，减少私心，收敛欲望，抛弃掉学识，就能无忧无虑。

二十章

本章先述说是与非、美与恶等相对相反的关系常被混淆，而且由于判断标准的不同常被颠倒。由此进一步正话反说，用颠倒了的标准审视芸芸众生和得"道"之"我"，说俗众和乐、闲适、充裕、明察、有为，说"我"孤静无依、空无所有、愚昧糊涂、低劣无为。这是"形似自嘲实则自赞"（张松如语），意在说明唯"我"才脱群超俗、漠视人间声色利禄，最后点出"我"独自超人之处在于重视人生之本的"道"。

唯之与阿①，相去几何？ 美之与恶②，相去若何？ 人之所畏，不可不畏。 荒兮，其未央哉③！ 众人熙熙④，如享太牢⑤，如春登台。 我独泊兮⑥，其未兆⑦；如婴儿之未孩⑧，儽儽兮，若无所归⑨。 众人皆有余，而我独若遗⑩。 我愚人之心也哉！ 沌沌兮⑪！ 俗人昭昭⑫，我独昏昏⑬。 俗人察察⑭，我独闷闷⑮。

〔澹兮其若海,飂兮若无止⑯。〕众人皆有以⑰,而我独顽且鄙⑱。我独异于人,而贵食母⑲。

【注释】

① 唯:顺从的答应,应诺。阿:通"诃",帛书甲本作"诃"。与"唯"正是反义,呵斥。唯之与阿:刘师培以为如同说顺从和违背的意思。因此有肯定和否定、是与非这样的对立意义。② 美:王弼本作"善",帛书甲、乙本和傅奕本都作"美",与二章"美""恶"并出相应。王弼注文:"美恶相去何若。"可知王弼本原作"美",据改。唯阿、美恶两句,就是说前后二者相去无几,应慎之又慎。③ "荒兮"二句:这是慨叹与世俗相反,距离很远(据王弼注)。下文正是列举相反的各种表现。荒:广远的样子,这里指距离大、远。央:极尽。高亨说:荒兮其未央,犹云茫茫其无极也。④ 熙(xī)熙:和乐的样子。⑤ 享:通"飨",飨食,享受。太牢:祭祀时所用的牛、羊、猪三牲。⑥ 我:不是老子自称,而是指得道之士。泊:淡泊、无为。⑦ 兆:征兆,迹象。⑧ 孩:与"咳"原为异体字,《说文解字》解为"小儿笑",这是字本义。⑨ "儽儽"二句:《史记·孔子世家》有"累累若丧家之狗"句,与此句的表面意义相同。儽(léi)儽:疲劳的样子,这里有懒散、懈怠的意思。本句的内在意义是说,得"道"的"我"无情无欲,表面疲惫懈怠,行动又放任不拘,好像没有归所一样。⑩ "众人"二句:是说众人全都怀有抱负、志趣,意满心胸,而唯独我廓然无为无欲,好像遗失了什么。另,奚侗说:"'遗'借作'匮',不足之意。"可供参考。⑪ 沌(dùn)沌:愚昧无知的样子。高亨以为通"惷(蠢)",

帛书甲本正作"恿"。⑫ 昭昭：光彩炫耀的样子。这里形容智巧外现。⑬ 昏昏：暗昧不明的样子，这里形容糊涂。⑭ 察察：明辨的样子。⑮ 闷闷：昏暗不明的样子。蒋锡昌说："'昭昭'与'察察'，'昏昏'与'闷闷'皆词异义近，不必强为分别。"⑯ "澹兮"二句：前移至十五章，见该章注。本章不译。⑰ 以：用。有以：有所施用，即有所作为。⑱ 顽且鄙：愚顽、鄙陋。与上文相对，含"无为"义。且：王弼本作"似"。傅奕本作"且"。王弼注文有"故曰顽且鄙也"句，可知王弼本原作"且"，据改。另：俞樾认为"似"当读作"以"，而帛书甲、乙本都作"以"，"以"也可以有连词"且"的用法，供参考。⑲ 贵食母：守本重道。这与世人舍本逐末、竞于利禄是远不同的。母，比喻"生之本"的"道"。这种用法在《老子》全书中多次出现，如一章"万物之母"、二十五章"可以为天地母"、五十二章"复守其母"。食母，养育万物的"道"。

【翻译】

应诺与呵斥，相差才多少？美好和丑恶，相差又多大？人们所惧怕的事情，我也不能不惧怕。离得远啊，远得没有终极！大家都高高兴兴，如同享食三牲，如同春季里登台赏景。唯独我淡泊无为，对周围没有反应；如同婴儿还不会笑，松松散散好像无处可归。大家都意气有余，唯独我好像丢失得干干净净。我有的只是愚人的心啊！呆呆蠢蠢的！世俗的人都智巧外露，唯独我昏昏沉沉。世人都清清楚楚，唯独我糊涂不明。大家都有所作为，唯独我愚昧拙笨。我期望的与别人不同，只认为生养万物的道最贵重。

二十一章

本章紧承前章末句"贵食母",进一步集中具体地描述"道"。"道"虽然恍恍惚惚,但是"其中有象","其中有物","其中有精",万物都从它那里开始。因此,"道"虽然似乎不可捉摸,却并不虚无,它真实存在着。这与十四章对"道"的描述遥相联系,互相补充。

孔德之容①,惟道是从。 道之为物,惟恍惟惚②。惚兮恍兮,其中有象;恍兮惚兮,其中有物。 窈兮冥兮③,其中有精④。 其精甚真,其中有信⑤。 自今及古⑥,其名不去,以阅众甫⑦。 吾何以知众甫之状哉?以此⑧。

【注释】

① 孔德:指有大德的人。孔,大。容:举止形容,动作行为的状态。② "惟恍"句:就是恍惚,为了与下句"象"谐

韵而颠倒了前后两个音节。"惟"是夹入的语气词,下句又夹"兮"。参见十四章"惚恍"注。③ 窈(yǎo):深远。冥(míng):幽暗。④ 精:指精气,是极细微的物质性实体。⑤ 信:信验,征验。⑥ "自今"句:王弼本作"自古及今"。帛书甲、乙本及傅奕本作"自今及古",据此改。⑦ 众甫:万物的开始。⑧ 此:指"道之为物"至"其中有信"这一段文字所描述的"道"。

【翻译】

　　有大德的人的举止形容,只从属于道。道这个东西,恍恍惚惚似有若无。惚惚恍恍啊,那里面有形象;恍恍惚惚啊,那里面有实物。深远幽暗啊,那里面有极细微的精气。那精气特别真实,是可以得到征验的。从现今上推远古,它的名字不能废除,要靠它来观察万物的始初。我凭什么知道万物发端的状态呢?就靠这些。

二十二章

本章中的辩证法思想很鲜明,而曲全、退让、戒满、尚虚的思想也很鲜明。老子认为人们应该首先立足于"曲""枉""洼""敝""少"等柔下的一面,这才能最终达到"全""直""盈""新""得""不惑"的目的;因此,只有做到"不自见(现)"、"不自是"、"不自伐"和"不自矜",才是做到了守身自爱,才能成为天下人的榜样。老子认为,只有"不争",才没有人同他争。这种以退为进的思想与他以"无为"而为的思想是完全一致的。

"曲则全,枉则直,洼则盈,敝则新,少则得,多则惑①。"是以圣人抱一②,为天下式③。不自见④,故明;不自是,故彰;不自伐⑤,故有功;不自矜,故长。夫唯不争,故天下莫能与之争。古之所谓"曲则全"者,岂虚言哉?诚全而归之⑥。

【注释】

①"曲则"六句:据后文可知这是古语。②抱一:守身,洁身自爱。见十章注。③式:法式,典范。④自见:自现,自我显示。见,"现"的古字。⑤伐:夸耀。⑥"诚全"句:蒋锡昌说:"言人苟行'曲'之道者,则全身之效,能确实归其所有也。此句与上句'岂虚言哉'相应。"诚:确实。全:就是"曲则全"中的"全"。之:指守"曲""不争"者,即"抱一"的"圣人"。

【翻译】

"委曲就能保全,屈枉就能正直,低洼就能充盈,敝旧就能更新,少取就能实得,贪多就会迷惑。"因此圣人洁身自爱,做天下人的典范。不自我显示,所以昭著显明;不自以为是,所以明白昭彰;不自我夸耀,所以获得功劳;不自高自大,所以为人称美。只因为不争,所以天下没有谁同他争。古人所说"委曲就能保全"这样的话,难道是空话吗?确实能把保全的效验归其(指圣人)所有。

二十三章

本章强调"道"的原则,告诉人们要相信"道",与"道"一致,循"道"行事,因此就会得到"道",就会取得成功,否则就会失掉"道",就会失败。

有人认为本章与十七章相对应,再次标示出"希言"(十七章作"贵言",两种说法相通)的政治思想,以求清静无为,合乎自然。可供参考。

希言自然①。故飘风不终朝,骤雨不终日。孰为此者?天地。天地尚不能久,而况于人乎?故从事于道者,同于道②;德者,同于德;失者③,同于失。同于道者,道亦乐得之;同于德者,德亦乐得之;同于失者,失亦乐得之。信不足,焉有不信④。

【注释】

① 希:通"稀"。言:指政教法令。"希言"与十七章

"贵言"相应。和五章"多言数穷"成一对比。又奚侗、马叙伦认为此句上下疑有脱文。可供参考。②"同于"句：王弼本作"道者同于道"，承前句句尾，重复"道者"二字，俞樾认为重复二字是衍文，帛书甲、乙本都未重复，今据删。③ 失者：指失道、失德。另高亨说："失"当作"天"，形近而讹。《庄子·大宗师篇》："天而生。"释文"向崔本作失而生"，即"天""失"互误之证。老、庄特重"道""德""天"三字，故此文并举之。此说颇有理，可供参考。④"信不"二句：王弼本在"不信"下有"焉"字，今删，见十七章注。马叙伦指出这两句已见于十七章，认为本章重出是错简，各家多从其说。帛书甲、乙本都无此二句。焉：于是。

【翻译】

少开口就是合乎自然。所以狂风刮不了一个早晨，暴雨下不了一整天。谁能使它这样呢？是天地。天地所为尚且不能长久，更何况人事呢？所以能依照道的规律做事的人，就与道相合；能依照德的规范做事的人，就与德相合；不依照道德的原则做事的人，就是失道、失德。符合道的规律的人，也就得到道了；符合德的规范的人，也就得到德了；违背道德规范的人，也就失去道了。诚信不足，于是就有人不信任。

二十四章

本章与二十二章正反对照,互相补充,有不可分割的联系。帛书甲、乙本都把本章放到二十二章前面,这也许是原书的顺序。章内所批评的"有道者不处"的事情,正是二十二章"圣人抱一,为天下式"的反面,同样是强调不争和退让,主导思想还是以退为进,以"无为"而为。

企者不立,跨者不行①,自见者不明②,自是者不彰,自伐者无功,自矜者不长③。其在道也,曰余食赘行④,物或恶之⑤,故有道者不处。

【注释】

① 跨:跨步,超越。这里形容两步并作一步地急行。② "自见"以下四句:参见二十二章注。③ 长:美的意思。④ 赘(zhuì)行:赘瘤。行:通"形"。⑤ "物或"句:译文取大意。此句极言上述行为的不足取,不单是人,连一些物

也生厌恶。物：指人外之物。二十二章"曲则全，枉则直，洼则盈，敝则新"数句正是从物的方面取譬立论的。另，张松如以为"物指鬼神而言，即鬼神害盈而福谦之义"。

【翻译】

踮起脚跟的人站不牢，大步急行的人走不了远道，自我显示的人不会昭著显明，自以为是的人不会明白昭彰，自我夸耀的人不会获得功劳，自高自大的人不会被人称美。用道的原则衡量这些行为，只能说像剩饭和赘瘤一样，谁都厌恶它，所以有道的人不这样做。

二十五章

本章是全书中很重要的一章。继四章、十四章和二十一章之后,对"道"又作了如下的描述和称颂:"道"是混沌未分的统一体,它先于天地存在,它无声无形,独一无匹,它周而复始地变化运动,永不停歇,正是在这种无限的循环运动中产生了天地万物。把天地万物的产生归结于自然之"道"的运动,是老子的一个可贵和值得重视的思想。宇宙中有四个"大"——道大,天大,地大,王大。但只有"道"至高无上,无所不包。"道"的伟大,就在于它自然无为。关于"道"的描述,还可参见三十四章。

有物混成①,先天地生②。寂兮寥兮③,独立不改④,周行而不殆⑤。可以为天地母⑥。吾不知其名⑦,字之曰道⑧,强为之名曰大⑨。大曰逝⑩,逝曰远,远曰反⑪。故道大,天大,地大,王亦大⑫。域中有四大⑬，而王居其一焉。人法地⑭，地法天，天法道，道法自然⑮。

【注释】

① 混成：浑然而成一体。形容"道"混沌未分的原初状态。② "先天"句：参见四章："吾不知谁之子，象帝之先。"③ 寥(liáo)：无形。④ 独立：无匹自存，就是不依赖他物而按自身的规律独自长存，是指"道"的绝对性。不改：不变，循环始终，不失常态，指永恒性。⑤ 周行：循环运行。另，王弼以为是"无所不至"的周遍意义，这与三十四章"大道泛兮，其可左右"一致。供参考。殆：通"怠"，疲倦。不殆，指运行不息。全句指循环往复、生生不息之意。⑥ 天地：王弼本作"天下"。范应元说古本作"天地"，帛书甲、乙本正作"天地"，据改。⑦ "吾不"句：名称是用来确定形体的，"道""混成"无形，所以无法确定，也无法称名。所以一章说："名可名，非常名。"但是天地万物都由"道"而来，人们需要表述它，"为便利人意沟通计，故不得不有一假定之名"（蒋锡昌语），即如下两句所言。⑧ 字：表字。古代男子出生就取名，成年后再起一个与本名涵义相应的别名，叫字。这里是动词，取字。⑨ 大：形容"道"无边无际，无所不包。⑩ 逝：往。这里指离开起点后长行不息。⑪ 反：通"返"。与"逝"行进方向相反的渐趋于原点的运动。⑫ 王：傅奕本作"人"，范应元认为古本如此，学者多从范说。但王弼本、河上公本和帛书甲、乙本都作"王"，故此不改"王"字。⑬ 域：指宇宙。⑭ 人：这里具体指前句所说的"王"。法：效法，遵循。⑮ "道法"句：道纯任自然，也

就是遵循自成自就的原则。自然：参见十七章"百姓皆谓我自然"句注。因为道生天地万物，又先于天地万物，所以，它可以为天地所效法，但它本身却前无榜样，只能放任自流，也就是循守自成自就、清静无为的原则。

【翻译】

　　有一种浑然一体的东西，在天地生成前就已存在。无声又无形，独立存在而永不改变。循环运行而生生不息，可以说像母亲一样生成了天地。我不知道它的名字，给它取个表字叫做道。勉强给它起个名字叫做大。大无涯际长行不息，长行不息遥远无极，遥远无极返本归原。所以说道大，天大，地大，王也大。宇宙中有四个大，而王占四大之一。人以地为法则，地以天为法则，天以道为法则，道只遵循自成自就的原则。

二十六章

本章提出重和轻、静和躁这两对矛盾,这与其他章讲辩证法例相补充。不过,老子又认为"重为轻根,静为躁君",认为在静与动的对立关系中,动是暂时的、相对的、次要的方面,而静才是永恒的、绝对的、主要的方面。这与十六章"归根曰静,是谓复命"的认识是一脉相通的,反映出老子辩证法思想的不彻底性。章内还告诫大国君主要自重、守静,不失根本;言外之意是不妄作才可以"殁身不怠"。

重为轻根,静为躁君①。 是以君子终日行,不离辎重②。 虽有荣观,燕处超然③。 奈何万乘之主,而以身轻于天下④? 轻则失本,躁则失君⑤。

【注释】

① 君:这里比喻主宰,指静躁矛盾双方中的主导因

素。②"是以"二句:是说君子要时刻不忘持重。君子:王弼本作"圣人",唐宋各本及帛书甲、乙本都作"君子",据改。辎(zī)重:军旅中装载粮草器物等必需品的车子,这里借喻根本、基础。③"虽有"二句:这是说要守静。蒋锡昌说:"此言道中虽有荣华之境,可供游观,然彼(指君子)仍安随辎车之旁,超然物外,而不为所动。"译文据此。燕:安闲。处:居止,与上句"行"相对,有停留的意思。超然:超脱,不经心的样子。另,"荣观"在帛书中写作"环官",高亨以为"荣""环"都通"营",是周垣、围墙的意思。又以为"观"通"官",是古"馆"字,指官室。帛书甲本释文注:"疑环官读为阛馆,阛与馆乃旅行必居之处,极躁之地。"这些说法都可参考。④"奈何"二句:王弼本无"于"字。此据马叙伦说和帛书甲、乙本补入。万乘(shèng):用来称当时的大国。老子认为,大国之君应该自重,不能轻率妄动于天下(此据河上公和吴澄说)。乘,一辆兵车叫一乘。⑤"轻则"二句:有双关意义。其一,与章首相应,讲一般的矛盾关系;其二,承前二句,有特指"万乘之主"的意义。

【翻译】

重是轻的基础,安静是躁动的主宰。因此君子虽然整天行路,不离粮草车载。虽有荣华可观的境地,却安闲不动而超然物外。为什么拥有兵车万乘的君主,却舍得让自己轻率妄动于天下呢?轻浮就失去了根本,躁动就失去了主宰。

二十七章

本章主要讲"无为而治"。首先用了五个生动的比喻,巧妙、形象地说明:凡事都要随顺自然,恰到好处,事成却不留人为的痕迹。老子希望在"圣人"治下,人不论贤愚优劣,物不论精粗巨细,都能顺乎自然情理,各安其所,各尽其用;人们应在没有政教明令的干预下,自然地看到善者之善与不善者之不善,并且自然地抑恶从善。老子把这样的主张视为"要妙"之道。

善行无辙迹①,善言无瑕谪②,善数不用筹策③,善闭无关楗而不可开④,善结无绳约而不可解⑤。是以圣人常善救人,故无弃人;常善救物,故无弃物。是谓袭明⑥。故善人者,不善人之师;不善人者,善人之资。不贵其师,不爱其资,虽智大迷⑦。是谓要妙⑧。

【注释】

① 辙(zhé):车辙,轮迹。② 瑕谪(xiá zhé):玉石的毛

病,这里指缺点漏洞。③ 筹策:筹码,古代竹制的计算器具。④ 关楗(jiàn):关闭门户的器具,就是门闩。分成单音词,横用的叫"关",竖用的叫"楗"。⑤ 约:与"绳"同义连用。⑥ 袭明:因循常道,聪明晓悟。与章末"要妙"结构相同,是联合短语。另,有人解"袭"为掩蔽,含藏;有人解"袭"为重叠,供参考。⑦ "不善"五句:各家解释不同。译文主要依据任继愈的注译。资:凭借,借鉴。⑧ 要妙:精要玄妙。

【翻译】

善于行路的不留下车轮痕迹,善于言谈的没有缺点漏洞,善于计算的不用筹码算器,善于关门的不用门闩却打不开,善于打结的不用绳索却解不开。因此圣人常善于救助人,所以没有被遗弃不用的人;常善于拯救物,所以没有被弃置不用的物。这就叫因循常道、聪明晓悟。所以,善人是不善人的师表,不善人是善人的借鉴。不尊重他的师表,不爱惜他的借鉴,虽然自以为明智,其实是糊涂。这其中的道理可说是精要玄妙。

二十八章

本章主要强调尚柔、谦退的思想原则。老子主张知雄而守雌,不争上而愿处下,认为这才能不离"常德",返真归朴。篇末所说"大制不割",是"无为而治"思想的反映,它与全章守雌取柔、居下退身的思想是互相联系的。

知其雄,守其雌①,为天下谿②。 为天下谿,常德不离③,复归于婴儿④。 知其白,〔守其黑,为天下式。 为天下式,常德不忒,复归于无极。 知其荣⑤,〕守其辱⑥,为天下谷。 为天下谷,常德乃足,复归于朴⑦。 朴散则为器⑧,圣人用之⑨,则为官长。 故大制不割⑩。

【注释】

①"知其"二句:用动物的雄性比喻阳刚、争上、好动,用动物的雌性比喻阴柔、处下、守静。老子认为守雌可以

胜雄。参见六十一章:"牝常以静胜牡。"② 谿:同"溪"。溪在山中低洼处,以此设喻。③ 常:永恒不变。④ "复归"句:用婴儿无知无欲、柔弱无争的特质,比喻不离"常德"之人的精神气质。参见五十五章:"含德之厚,比于赤子。"十章:"专气致柔,能婴儿乎?"⑤ "守其"六句:据易顺鼎、马叙伦和高亨等人考证,这二十三个字是后人所加。高亨考证最详。因此,这里不注不译。⑥ 辱:与"白"反义,垢黑。《玉篇》写作"䵝"。⑦ 朴:本义是原初未分的木材,已见于十五章。老子有时直接借"朴"指称"道",但这里与上文"婴儿"相对应,所以还是用本义作比喻,形容不离"常德"之人的纯朴天真的精神境界。⑧ "朴散"句:木材被剖开而制成各种器物,以此比喻原初真朴的"道"分散而生出万物,同时也包含人们社会政治、经济地位的分化。⑨ "圣人"句:圣人顺应真朴之道解体成为万物的情况(是顺乎自然的,而不是以己意勉强为之的),安排职守,使物尽其用,人尽其才。这似乎与前章"无弃人"、"无弃物"相联系了。用:因,这里是依据、顺应的意思。之:代"朴散则为器"。另,因为释词所据不同,陈鼓应把两句译为:"有道的人沿用真朴,则为百官的首长。"可供参考。⑩ "故大"句:蒋锡昌说:"'大制',犹云大治,'不割',犹云无治。盖无治,则可以使朴散以后之天下复归于朴。复归于朴,正乃圣人之大治也。"蒋说的"无治",就是"无为"。本句译文据蒋说。另,许抗生译作"'圣人'用大'道'来治理天下,是不会伤害它们的"。可供参考。

【翻译】

　　知道自己的雄强,却安守自己的雌柔,充作天下的溪沟。充作天下的溪沟,与永恒的德不分开,回复到婴儿的状态。知道自己的洁白,却安守自己的污黑,充作天下的低谷。充作天下的低谷,永恒的德才能充足,回复到天真纯朴。真朴的道解体而成为万物,圣人顺应这种情况安排职守。所以,最完美的政治是不治。

二十九章

本章突出地反映了"无为"的政治思想。老子认为,想有所作为,结果反会把事情搞坏;想把握住什么,结果反会丢失。因此,人们只能顺应自然,凡事都要避免过分和极端,因为过分和极端正是按个人意志作为而违逆了自然。

将欲取天下而为之①,吾见其不得已②。天下神器,不可为也。为者败之,执者失之。凡物或行或随③,或歔或吹④,或强或挫,或培或隳⑤。是以圣人去甚,去奢,去泰⑥。

【注释】

① 取:据蒋锡昌说,这里有"治"、"为"的意思,与通常获取、取得的意义不同。这一用法又可见于四十八章和五十七章。为:根据全文整体思想,本章几个"为"字都有不循自然而按人意勉强去做的意思。② 已:通"矣"。③ 凡:

王弼本作"故",此据傅奕、苏辙等古本及高亨说改。或:相当于"有"。④歔:同"嘘"。吐气舒缓而温热,今北方话还有这种用法,帛书本正作"热"。⑤"或强"二句:王弼本作"或强或羸,或挫或隳"。此据傅奕本改"羸"为"挫",改"挫"为"培",说从略。隳(huī):毁坏。⑥"是以"三句:这是强调要顺应自然,行于当行,止于当止,不可凭人意强为而把事物推向极端。泰:通"太"。甚、奢、泰,都是极端过分的意思。另,河上公注:"'甚'谓贪淫声色,'奢'谓服饰饮食,'泰'谓宫室台榭。"可供参考。

【翻译】

想要治理天下而强行去做,我看他是达不到目的的。天下是个神圣的器物,是不可勉强去做的。勉强去做的就会失去,想把持它就会失败。各种事物有的走在前面,有的跟随在后面;有的缓嘘温热,有的急吹寒凉;有的强劲,有的挫折;有的培益,有的毁坏。因此,圣人要去掉极端的、奢侈的、过分的东西。

三 十 章

本章反映了老子对战争的看法。老子反对以武力称雄,也反对炫耀武功,这不仅仅由于他十分重视战争带来的灾难,更是他"无为而治"总体思想的反映。但他并没有完全彻底地反对战争,只认为战争应该是"不得已"的,而且一定要适可而止,否则就远离了"道",就会走向极端,走向反面,最终遭受败亡。

以道佐人主者,不以兵强天下。其事好还①——师之所处,荆棘生焉②;大军之后,必有凶年。善者果而已③,毋以取强④。果而勿矜⑤,果而勿伐⑥,果而勿骄,果而不得已,是谓果而勿强⑦。物壮则老,是谓不道,不道早已⑧。

【注释】

① 还:还报,报应。具体所指就是下文的"荆棘生

焉"、"必有凶年"。②"师之"二句:这是说战争经历之处,田园荒芜。③者:王弼本作"有",河上公、傅奕等古本及帛书甲、乙本都作"者",据改。④毋:王弼本作"不敢",俞樾以为"敢"字是衍文,帛书甲、乙本作"毋"而无"敢"字,据改。⑤矜(jīn):骄矜,自高自大。⑥伐:夸耀。⑦是谓:王弼本无此二字。帛书甲、乙本有"是胃(谓)"二字,此据帛书及蒋锡昌说补。⑧"物壮"三句:老子认为盛极必衰,因此,人主不得已而治兵时,也要防止由强盛之极向衰败的转化,要如上章所言"去甚,去奢,去泰"。壮、老:分别比喻事物发展的极盛状态和衰败没落之势。早已:早死。参见四十二章:"强梁者不得其死!"

【翻译】

用道辅助国君的人,不靠兵力逞强于天下,用兵这件事很容易得到报应——军队行止的地方会长满荆棘;大战之后,一定会有荒年。善于用兵的人取胜就应该罢休,不要靠它逞强。胜利了不要自高自大,胜利了不要夸耀,胜利了不要骄傲,胜利乃出于不得已,这就叫取胜不要逞强。凡是太壮盛的东西就要走向衰老,这叫做不合乎道,不合乎道的就会很快死亡。

三十一章

本章与前章连贯,继续表达对战争的看法。老子进一步认为,刀兵是制造灾凶的工具,有"道"的人不使用它,即或"不得已"而使用了,也要以淡漠为好;反之,如果以战争为美事,以杀人为乐事,就不会得志于天下。战争要杀伤人众,因此,战争同时就是丧事。临战出兵要合乎丧礼,要心怀悲哀;取胜了,不能赞美战争,而仍然要按丧礼行事。

夫兵者①,不祥之器,物或恶之,故有道者不处②。君子居则贵左,用兵则贵右③。兵者不祥之器,非君子之器,不得已而用之。恬淡为上④,胜而不美⑤;若美之⑥,是乐杀人。夫乐杀人者,则不可以得志于天下矣。吉事尚左,凶事尚右;偏将军居左,上将军居右——言以丧礼处之。杀人之众,以哀悲立之⑦;战胜,以丧礼处之。

【注释】

①"夫兵"句：通行本"兵"前有"佳"字，帛书甲、乙本皆无，据删。②"物或"二句：已见于二十四章，见该章注。③"君子"二句：古人按当时的礼仪习惯，用不同的方位区别和表现贵贱尊卑、吉凶祸福等内容；左为阳，主生；右为阴，主杀。因此，平时的朝仪和祭祀以左为贵，而凶丧杀伐就以右为贵。④恬淡：淡漠，不热衷。⑤美：任继愈解释："自以为很了不起，满意的样子。"供参考。⑥"若美"句：王弼本作"而美之者"，帛书甲、乙本俱作"若美之"，据改。⑦立：王弼本作"泣"，帛书甲、乙本皆作"立"，据改。"立"实是《说文解字》中"埭"的古字，古书中多作"莅"。莅临，到场。这里指进入战场。

【翻译】

兵器是不吉祥的东西，谁都厌恶它，所以有道的人不去接近它。君子平时把左边看作上位，用兵作战时则把右边看作上位。兵器是不吉祥的东西，不是君子所需要的器物，实在不得已才动用它。冷淡地对待用兵是最好的，胜利了也不把它看作美事；如果把胜利看作是美事，这就是喜欢杀人。喜欢杀人的人，就不能实现统治天下的愿望了。喜事把左边看作上位，丧事把右边看作上位；偏将军位居左边，上将军位居右边——就等于说用丧礼对待战事。杀人众多，要带着悲哀的心情进入战场，即使战胜了也要按丧礼对待。

三十二章

本章主旨是讲政治上的守"道""无为"。"道"虽然朴实、隐微,但至高无上,妙用无穷。如果执政者能守"道",不强行作为,天下就会自然归从,百姓就会自安自乐;如果能适可而止,就会避免各种危险。

道常无名①,朴②。虽小③,天下莫能臣也。侯王若能守之,万物将自宾④。天地相合,以降甘露,民莫之令而自均⑤。始制有名⑥,名亦既有,夫亦将知止⑦,知止可以不殆。譬道之在天下,犹川谷之于江海⑧。

【注释】

①"道常"句:参见一章"名可名,非常名";十四章"绳绳不可名";二十五章"吾不知其名,字之曰道"。②朴:参见二十八章"复归于朴"注。另,有人把"朴"同"虽小"连读

为一句,把"朴"解释为"道",可供参考。③ 小:指"道"隐微幽渺。吴澄说:"道弥满六合,而敛之不盈一握,故曰小。"④ 宾:归服,顺从。⑤ "民莫"句:如同说"莫之令而民自均"。这与五十七章"我无为而民自化"的意思近似。均:均匀。全句是说,人们普遍地受到天降甘露,比喻百姓普遍受到守"道"者"无为"政治的恩泽。⑥ "始制"句:同二十八章"朴散则为器"意思一致。始:万物的开始,指"道"。制:裁割,分割。这里与"朴散"之"散"意义近似。⑦ 知止:蒋锡昌认为与三十七章"夫亦将不欲"句中的"不欲"同义。据此,可以理解老子这里是要人们安分守己,不要竞争追求不属于自己的名号地位和利益。⑧ "譬道"二句:蒋锡昌认为是"倒文":"正文当作'道之在天下,譬犹江海之与川谷'。盖正文以江海譬道,以川谷譬天下之物。"其中蒋锡昌用"与"字改"于"字,这同帛书甲、乙本及傅奕本相合。译文据蒋说。

【翻译】

　　道永远没有名称,天真纯朴。虽然隐微幽渺,天下却没有谁能使它臣服。侯王如果能遵守它,万物将会自动归从。天地间阴阳之气相配合,因而降下甘露,不用谁来下命令而百姓自然地遍受滋润。道开始裁割分散后就有了各种名称。各种名称已经有了,也要知道有个限度。有了限度便可以不出危险。道永远无限地存在于天下,正如同江海永无限止地容受着川谷之水。

三十三章

本章讲精神修养。得"道"的圣人所崇尚的,不是"知人"的巧智,不是"胜人"的强力,而是"自知"之"明"、"自胜"之"强",他们知足不争,行"道"不怠,生死不移。这里反映的是内省、自守和无为的原则。有些学者认为"知人"、"自知"、"胜人"和"自胜"都是个人修养的必要内容,只不过"自知"、"自胜"比"知人"、"胜人"更重要。这种理解可供参考。

知人者智,自知者明①。胜人者有力,自胜者强②。知足者富,强行者有志③,不失其所者久④,死而不忘者寿⑤。

【注释】

①"知人"二句:据蒋锡昌说,能知人之好恶而行巧诈者,是智,指俗君;能知常道却不自我炫耀,是明,指圣人。

蒋说有理。智，在全书中贬而不褒，如十八章："智慧出，焉有大伪"；十九章："绝圣弃智，民利百倍"；六十五章："民之难治，以其智也"、"故以智治国，国之贼"。②"胜人"二句：据蒋锡昌说，坚强好争而以胜人为务者，是有力，指俗君；柔弱不争而以自胜为务者，是强，指圣人。③强行：这里指勤勉行"道"（据蒋锡昌说）。严灵峰以为"勤"误作"强"。又有将"强行"解作顽强拼搏之意，可供参考。④所：处所，这里指原来的根基，就是"道"。⑤忘：王弼本、河上公本等都作"亡"，帛书甲、乙本都作"忘"。据改。死而不忘：指至死不忘守"道"。

【翻译】

　　善于认识别人是有智慧，能够认识自己才称高明。战胜别人是有力量，战胜自己才是坚强。知道满足就会富有，坚持力行就是有志，不丧失根基就是长久，至死不忘守道是长寿。

三十四章

本章也是对"道"的颂歌。"道"广大无边,无所不至,万物靠它生长,受它养育,可是它不居功,不主宰,无欲求,隐微幽渺;然而正因为它无为,无欲,无争,不自称大,所以它才最伟大。

大道泛兮,其可左右①。万物恃之而生而不辞②,功成不名有③,衣养万物而不为主④。常无欲,可名于小⑤;万物归焉而不为主,可名为大。以其终不自为大,故能成其大。

【注释】

① "大道"二句:用洪水泛滥比喻"道"广大无边,遍及各处。② 辞:推辞,拒绝。另,有人解为言说,可供参考。③ 名:称说。有人认为"名"是衍文。④ 衣养:供养,养育。⑤ 于小:与下文"为大"对文,即为小的意思。小,指"道"对万物不居功,不主宰,无欲求,隐微幽渺,与十四章"搏之

不得,名曰微"句中的"微"义近。

【翻译】

大道像洪水泛滥,周流在左右四方。万物依赖它生长,而它从不推辞;功业成就却不说自己有功,养育万物却不自封主宰。永远没有欲求,可以称作小;万物都要归附于它,而它却不自封为主宰,可以称作大。正因为它始终不自以为大,所以才能成为伟大。

三十五章

本章还是歌颂"道"。"道"是天下所归,它可以使天下人和平安泰。它虽然淡然无味,无见无闻,但作用却不穷竭。

执大象①,天下往。往而不害,安平太②。乐与饵,过客止。道之出口,淡乎其无味。视之不足见③,听之不足闻,用之不足既④。

【注释】

① 大象:如同说大"道"的法象,就是指大"道"。② 安:连词。另,吴澄以为是形容词,与"平""太"并列。供参考。③ 足:得,可能。④ 既:尽,穷尽。

【翻译】

掌握住大道,天下民众都会归顺。归顺道就不会互相伤害,于是就和平而安泰。动听的音乐和香美的食物,能使过往行人停下脚步。而大道从口头表述出来,淡然没有滋味。看它不能见其形,听它不能闻其声,然而用起它来却无穷无尽。

三十六章

本章辩证法思想很突出,而归结点却在君国政治上。老子首先列举开合、强弱等矛盾转化现象,说明他所观察到的事物发展变化之理——物极必反,盛极必衰,并由此进一步推导出"柔弱胜刚强"的观点。正是在这种认识的基础上,他告诫治国者不要显示强权。可见老子本意是要君主戒刚守柔,内敛不显,以避免走向反面,以保证长立不衰。这同下章讲"无为而无不为"的主张实有内在联系。

将欲歙之①,必固张之②;将欲弱之,必固强之;将欲废之,必固举之③;将欲夺之,必固与之④。是谓微明⑤。柔弱胜刚强。鱼不可脱于渊,国之利器不可以示人⑥。

【注释】

① 歙(xī):合。② 固:通"姑"。姑且,暂且。③ 举:王

弱本及各本都作"兴"。劳健和高亨认为应作"举",帛书甲、乙本都作"与",正可通"举",因改作"举"。④ 与:予,给予。⑤ 微明:指事物变化的道理幽微潜在,动态显明。⑥ 利器:指权势,权柄。亦有人释作"锐利的武器",可供参考。示:让别人看,这里是显示、炫耀的意思。

【翻译】

想要收敛它,必须暂且扩张它;想要削弱它,必须暂且加强它;想要废弃它,必须暂且抬举它;想要夺取它,必须暂且给予它。这就叫幽微而又显明的道理。柔弱胜过刚强。鱼不可脱离深渊,国家强大的权势不可轻易向人显示。

三十七章

本章仍然是讲政治上的守"道"、"无为"。老子把"无为"视作社会政治的最高原则。他希望君主能顺乎人情物理,不加干涉地听凭万物自然消长变化,他也希望人们都根绝私欲,民风淳朴无争,天下自然会平静安定。

道常无为而无不为①,侯王若能守之,万物将自化②。化而欲作③,吾将镇之以无名之朴④。镇之以无名之朴⑤,夫亦将不欲⑥。不欲以静,天下将自定⑦。

【注释】

① "道常"句:无为:见二章注。无不为:是"无为"的直接结果。意思是说,凡事没有不做的,只不过是不怀目的成见,不恣意妄为,强行硬做,而是完全顺随自然,不加干涉。另,此句在帛书甲、乙本中都作"道恒无名",郑良树以为这是老子原句,并认为以此"可以澄清后人对老子哲

学的误会"。此说可供参考。② "万物"句：义与五十七章"我无为而民自化"同。万物：包括社会上的人、事和物。自化：自行化育，自长自消，指在没有外力作用下自然地顺应着"道"而生长变化。③ 欲：名词，欲望、贪欲。作：起，这里是萌发的意思。④ 镇：镇服，使安定。无名之朴：指"道"而言。参见三十二章："道常无名，朴。"⑤ 镇之以：王弼本无此三字。高亨以为应补，正与帛书甲、乙两本吻合，据补。⑥ 不：王弼本作"无"，河上公本、傅奕本及帛书甲、乙本都作"不"，据改。⑦ "不欲"二句：参见五十七章："我好静而民自正，我无事而民自富，我无欲而民自朴。"本章"自定"就是五十七章所说的"自正"。

【翻译】

　　道永远无为而又无所不为，侯王如果能遵守它，万物就会自行生长变化。自行生长变化时如果私欲萌动，我就用无名真朴的道来镇服它。要用无名真朴的道来镇服它，也就是要根绝私欲。根绝私欲就能保持安静，天下就会自然达到稳定。

下篇　德经

三十八章

本章并不是单一地讲道德规范,主旨还是讲守"道",讲"无为"。"德"是"道"的体现,有得于"道"就叫"德"。一切顺应自然,绝无作为之想,这才堪称"上德",才真正符合"道"的原则。"德"、"仁"、"义"、"礼"的递降发生过程,正是"道"逐渐泯灭的过程,是社会由"无为而治"到有为而乱的过程,是民风由淳厚朴实到轻薄巧诈的衰退过程。老子批评了现实中人所宣扬崇奉的"礼",主张重归于真朴无为的"道"。

上德不德,是以有德;下德不失德,是以无德①。上德无为而无以为②;下德无为而有以为③;上仁为之而无以为;上义为之而有以为;上礼为之而莫之应,则攘臂而扔之④。故失道而后德,失德而后仁,失仁而后义,失义而后礼。夫礼者,忠信之薄而乱之首⑤,前识者⑥,道之华而愚之始⑦。是以大丈夫处其厚不居其薄，处其实不居其华。故去彼取此⑧。

【注释】

①"上德"四句：这几句内含的意思是：上德的人只求返归真朴的本性，合于"道"，不在真朴之外追求"德"，因此最终能保全他的本性，保全了"道"，也就有"德"。下德的人不求返归真朴的本性，而在真朴之外追求形式上的"德"，一经得到了这种"德"，就坚守不失，因此最终失去了他的本性，失去了真朴之道，自然也就没有了"德"（以上参照高亨《老子正诂》）。首句第二个"德"字是动词，与三句"失德"相对，指得"德"，追求"德"。② 无以为：与下句"有以为"相对，这两处译文据林希逸和陈鼓应之说。③ "下德"句：王弼本作"下德为之而有以为"。各本不同，各家意见不一。马其昶认为应改"为之"为"无为"，朱谦之及张松如、陈鼓应等人都从马说。据改。帛书甲、乙本及《韩非子·解老》所引都没有这一句，张舜徽、刘殿爵等认为帛书是。供参考。④ 攘（rǎng）臂：卷起袖筒，伸出胳臂。扔：引，这里是强拉硬拽的意思。⑤ 薄：浇薄，不足。⑥ 前识：先见，先知。据河上公注解和《韩非子·解老》，这里指无根据的预测。⑦ 华：浮华。愚：这里是故作聪明的愚，如二十七章所说"虽智大迷"。⑧ 彼：指"薄"、"华"，即"礼"和"前识"。此：指"厚"、"实"，即"道"。

【翻译】

上德的人从来不讲求德，因此有德；下德的人念念不离德，因此没有德。上德的人无所作为也无心作为；下德的人无所作为却有心作为；上仁的人有所作为却出于无意；上义的人有所作为而且出于有意；上礼的人有所作为却没有人响应，于是就卷袖捋臂地硬拉人们强从。所以失去了道然后才有德，失去了德然后才有仁，失去了仁然后才有义，失去了义然后才有礼。礼是忠信浇薄的产物，是动乱的发端。无根据的预测，只是道的浮华，而且是愚昧的开始。因此，大丈夫立身淳厚，不居于浇薄，存心朴实，不居于浮华。所以要舍弃浇薄和浮华，而趋向淳厚和朴实。

三十九章

本章主旨是讲得"道"。前一部分从正反两方面论述"道"的作用的重要性和普遍性。天地万物,只有得"道",才能清明、安宁、通灵、充盈、生长;反之,如果不能得"道",就会破败、崩毁、停歇、枯竭、死灭。后一部分专就前面提出的人世侯王一例再论得"道"。认为侯王只有居下、处贱、弃誉,才符合高贵以低贱为根本的原则,才是体察了"道"的特性,才能得"道"有"德"。

昔之得一者①:天得一以清,地得一以宁,神得一以灵,谷得一以盈,万物得一以生,侯王得一以为天下正②。其致之也③,天无以清,将恐裂;地无以宁,将恐发④;神无以灵,将恐歇⑤;谷无以盈,将恐竭;万物无以生,将恐灭;侯王无以高贵,将恐蹶⑥。故贵以贱为本,高以下为基,是以侯王自称孤、寡、不谷⑦。此非以贱为本邪?非乎?故致数舆无舆⑧。是故不欲琭珑如玉，珞珞如石⑨。

【注释】

① 一：这里指"道"。见十四章"混而为一"。② 正：王弼本作"贞"，河上公本等古本作"正"，劳健、高亨认为应作"正"，帛书甲、乙本都作"正"。据改。"正"在这里是君长的意思。另，蒋锡昌认为"专指清静之道，此为老子特有名词"。供参考。③ "其致"句：王弼本无"也"字，此据帛书甲、乙本补入。致：相当于"推"，有推论的意思。这一句领起下面五个并列的分句。④ 发：通"废"。崩塌，堕毁。⑤ 歇：停歇，消失。⑥ 蹶（jué）：颠仆，跌倒。这里比喻政治上的倾覆。⑦ 孤、寡、不谷：都是君主用以自称的谦辞。《左传》注："孤云孤独；寡云少德；不谷，不善也。"⑧ "故致"句：舆，通"誉"（据张松如说），傅奕本和吴澄本作"誉"。这句说追求过多的荣誉反而不会有荣誉，这与"下德不失德，是以无德"（三十八章）同理。也正如二十四章所说："自见者不明，自是者不彰，自伐者无功，自矜者不长。"⑨ "是故"二句：王弼本无"是故"二字。帛书甲、乙本都有。据补。珑（lù）珑：玉质华美的样子。珞（luò）珞：石头粗劣的样子。这两句译文据范应元、蒋锡昌等人说法。张松如说："'不欲珑珑若玉，（而宁）珞珞若石。'这些都是老子心目中有'道'人君的性格形象。这里所描绘的这种性格形象，自然折光反映着老子'无为而治'与'致虚''守静'的思想。"

【翻译】

自古以来得到一的：天得到一才清明，地得到一才安宁,神得到一才灵验,沟谷得到一才充盈,万物得到一才生长,侯王得到一才能做天下之准绳。推而言之,天不能保持清明,怕要破裂;地不能保持安宁,怕要毁缺;神不能保持灵验,怕要停歇;沟谷不能保持充盈,怕要枯竭;万物不能保持生长,怕要绝灭;侯王不能做天下的准绳,怕要权位倾跌。所以,贵以贱作根本,高以低作基础,侯王自称孤、寡、不谷。这不就是以低贱作根本吗?不是吗?所以追求过多的荣誉反而没有荣誉。所以不想望琭琭华美,像玉一样高贵,而宁愿珞珞粗劣,像石头一样低贱。

四 十 章

本章论及以"道"为核心的密切联系着的三方面内容:返本归根是"道"的运动形式,柔弱是"道"的作用,由无形质到有形质是"道"生万物的过程。返本归根的思想在很多章内都有反映,是老子哲学的归结点;但是,这种返归运动实际不是直线单向的来而不往,而是在循环过程中进行的。因为没有离去,就不会有返归;不生"有",就不会返"无"。所以老子既说"归根"、"复命"(十六章),又说"周行不殆"、"大曰逝,逝曰远,远曰反"(二十五章)。

反者道之动①。 弱者道之用②。 天下万物生于有,有生于无③。

【注释】

①"反者"句:反:通"返",指"道"的返本复初。由于

对"反"的理解不同,对这一句的理解历来很不一致。如任继愈、张松如等取"反"的相反意义,以为这是讲对立面的互相转化。这种理解也很值得参考。②"弱者"句:老子认为柔弱是"道"的作用和体现,认为柔弱不仅可以辅益万物,而且也可以保全自己。可参见八章、三十六章、四十三章、七十六章和七十八章。③"天下"二句:这是讲天下万物生成的根源和生成过程。万物之源是"道"。"道"生万物的过程是从无形质到有形质。这里的"无"和"有"不是表示存在和不存在的通常意义,而是指"道"。参见第一章:"无,名天地之始;有,名万物之母。"

【翻译】

返归是道的运动。柔弱是道的作用。天下万物从有产生,有从无产生。

四十一章

本章从闻"道"之后的不同反应,把"士"分为上、中、下三等,意在说明真正理解和接受"道"的人是很稀少的。"道"不能被众人理解的原因是它幽隐微妙,本质不外露。章内引用一系列古语,从普遍存在着的内外、虚实的对立关系中揭示"道"内敛、退守、虚旷、不争等原则。归结起来,"道"虽然无形、无名、无为,但却是无不为。

上士闻道①,勤而行之;中士闻道,若存若亡;下士闻道,大笑之②。不笑不足以为道。故建言有之③:"明道若昧,进道若退,夷道若纇④,上德若谷,大白若辱⑤,广德若不足,建德若偷⑥,质真若渝⑦。大方无隅⑧,大器晚成,大音希声⑨,大象无形。"道隐无名。夫唯道,善始且善成⑩。

【注释】

① 士：先秦贵族的最低等级，位在大夫之下。这里是指高出于庶民的有地位、有知识、有能力的人。"上士"与下面"中士"、"下士"不是社会阶层内的等级，是从对"道"的认识的深浅而言。② 笑：由于不理解"道"而感到其很好笑。③ 建言：立言。下文所引，可能是古代某人留下的言论，也可能是众口相传的谣谚。高亨以为"建言"是所引书名。④ 夷：平。颣(lèi)：不平。⑤ 辱：通"黥"，见二十八章"知其白，守其辱"。⑥ 建：通"健"，强健，刚健。偷：这里与"建"反义，指怠惰、松懈、疲弱。⑦ 质：通"至"。"质真"与"广德"、"建德"相对。真：指德，全句是说最纯真（不变）的德好似在变（此据卢育三说）。另，刘师培怀疑"真"是由"德"字正文（古文）误写而来，"'质德'与'广德'一律"。有不少学者同意刘说。高亨也同意刘说，并认为"渝"借为"窬"，全句的意思如同说"实德若虚"。这些说法可供参考。⑧ 隅(yú)：角。⑨ 希：通"稀"。希声：这里是无声的意思。十四章："听之不闻，名曰希。"⑩ "夫唯"二句："善始且善成"，王弼本作"善贷且成"，范本作"善贷且善成"。罗振玉说："敦煌本'贷'作'始'。"帛书乙本（甲本缺文）作"善始且善成"。据改。最后这二句与首句相应，为全章作结，是说"道"可以使万物开始发生，又可以使万物最终完成。由此也可以进一步体会到"道"虽然"无为"，而又"无不为"。

【翻译】

上士听了道，努力去实行；中士听了道，将信将疑；下士听了道,哈哈大笑。不被下士嗤笑就不足以成为道了。所以古语有这样的话:"光明的道好像暗昧,前进的道好像后退,平坦的道好像坎坷不平,高尚的德好像低谷,纯白好像染了污黑,广大的德好像不足,刚健的德好像疲弱,纯真的德好像污垢多变。最大的方正反没有棱角,贵重的器具最后才能制成,最大的声音反而听不见响声,最大的形象却看不见形影。"道隐没无名。只有道,善于开始,又善于完成。

四十二章

本章从两个方面讲"道"的功用。前半章讲宇宙生成理论,认为天地万物生成的唯一根源是"道"。后半章转而谈人事,认为只有谦退、守柔、戒满、抑强,才符合"道"的原则,才能有益无损。

有些学者以为后半章("人之所恶"以下)同前半章文义不相连属,说它是三十九章错简。

道生一,一生二,二生三,三生万物①。万物负阴而抱阳,冲气以为和②。人之所恶,唯孤、寡、不谷③,而王公以为称。故物或损之而益,或益之而损④。人之所教,我亦教之:"强梁者不得其死⑤!"吾将以为教父⑥。

【注释】

①"道生"四句:这是说"道"生万物的过程。一、二、

三:是用来代替实物的虚数。一,指天地未分时的原初物质。二,指天地。三,指由天地产生的阳气、阴气与又由阴阳二气所产生的和气。另,蒋锡昌以为:"老子一二三,只是以三数字表示道生万物,愈生愈多之义。如必以一二三为天地人,或以一为太极(原始混沌之气),二为天地,三为天地相合之气,则凿(穿凿附会)矣。"此说从者不多,但可供参考。② 冲:涌动,摇荡,交互冲撞。③ "唯孤"句:参见三十九章。④ "故物"二句:七十七章以张弓设喻,说明"天之道,损有余而补不足"。这两句正是讲天道对万物(实际上着眼点是人事)的均衡作用,凡自己减损的,老天会补足它;凡自己增益的,老天会减损它。⑤ "强梁"句:大约是古代遗言。《说苑·敬慎篇》所载《金人铭》中有这句话。强梁:强横。不得其死:死而不得其所,或不能按寿而终。就是不得好死的意思。⑥ 父:始(与二十一章"以阅众甫"之"甫"通用同义)。教父:教学的开始。张松如译作"教学总纲"。

【翻译】

道生成统一未分的原初物质,这原初物质生出天地,天地生出阴阳二气以及和气,和气生出千差万别的东西。万物都包含着阴和阳,阴阳两气交互冲荡就生成新的和气。人们所厌恶的称呼,就是孤、寡和不谷,但王公却用来称自己。所以事物有的减损了反倒增益,有的增益了反倒减损。人们教给我的,我也再教给别人:"强横的人死无葬身之地!"我要把这句话作为教学的开始。

四十三章

本章与前章后半承接,继续讲守柔与"无为"的好处。柔是"无为",强是"有为";最坚强的东西阻挡不了最柔弱的东西,"有为"不如"无为"。

天下之至柔,驰骋天下之至坚①。无有入无间②。吾是以知无为之益。不言之教,无为之益,天下希及之③。

【注释】

① 驰骋(chěng):马快速奔跑。这里比喻攻击,贯穿,无所阻挡。② 无有:指不见形迹的东西。无间:指没有间隙的东西。③ 希:通"稀"(傅弈本作"稀")。原意为稀少,此处的意思是稀少到没有。

【翻译】

　　天下最柔弱的东西,可以在天下最坚硬的东西中穿行无阻。无形的力量,能穿透没有缝隙的东西。我因此知道无为的好处。无言的教化,无为的好处,天下没什么能赶上它。

四十四章

本章反映了贵身重己的思想。老子认为,名利与生命是互相矛盾而不可调和的,追逐名利,贪得无厌,结果必然造成生命的损失;只有看重生命,置名利于度外,"知足","知止",不入极端和满盈,才可以长命全生。

名与身孰亲?身与货孰多①?得与亡孰病?是故甚爱必大费②,多藏必厚亡。知足不辱,知止不殆③,可以长久。

【注释】

① 多:重,这里是重要的意思。② 爱:吝惜。③ 殆(dài):危险。

【翻译】

名声与生命哪一个更亲近?生命和财货哪一个更重

要？获得与丧失哪一个更有害？因此,过分吝惜必定会造成极大耗费,过多收藏必定会造成严重损失。知道满足就不会感到屈辱,知道适可而止就不会遇到危险,这样才可以使生命保持长久。

四十五章

本章反映了老子的辩证法思想。前一部分,讲许多事物的实质与外在形式常不一致,实际已经很完美的东西,表面却常常不足,甚至严重缺乏而处于完美的反面,人们应追求实质的完美而不着眼于形式。这与四十一章"大白若辱,广德若不足"等内容有密切联系。后一部分,从矛盾双方相反相制的道理,主张政治上的清静无为。

大成若缺,其用不弊①。 大盈若冲②,其用不穷。大直若屈,大巧若拙,大辩若讷③。 躁胜寒,静胜热④,清静为天下正⑤。

【注释】

① 弊:破败,败坏。这里有衰竭的意思。 ② 冲:器物虚空。参见四章"道冲"注。 ③ 讷(nè):出言迟钝,不善言

谈。④"躁胜"二句：躁：动。二十六章："静为躁君。"动能产生热力，可以战胜寒冷；安静不动就能降温生凉，可以战胜炎热。另，蒋锡昌怀疑这两句应作"静胜躁，寒胜热"，"喻清静无为胜于扰动有为"。严灵峰也据《韩非子》、《孙子》及《淮南子》等有关材料认同蒋说，陈鼓应从之。蒋、严之说可供参考。⑤ 正：长，君长。见三十九章："侯王得一以为天下正。"

【翻译】

最完满的东西好像有所欠缺，它的作用总不衰竭。最充实的东西好像空虚，它的作用不会穷尽。最正直好像弯曲，最灵巧好像笨拙，最善辩说好像言语迟钝。动能战胜寒冷，静能战胜炎热，清静无为可以作天下的君长。

四十六章

本章反映了老子的反战思想。老子生于诸侯兼并纷争的年代,他渴望平息一切战争,转而致力恢复生产;他把有无战争看作判断天下"有道"与"无道"的重要标准;他把战争视作最大的罪过和灾祸,认为导致"无道"和战争的根由只是贪心、不知足,而要消灭战争,就要长久满足。

天下有道①,却走马以粪②;天下无道③,戎马生于郊④。罪莫大于可欲⑤,祸莫大于不知足,咎莫大于欲得⑥。故知之足,常足矣。

【注释】

① 有道:指知道满足,知道适可而止,不向外部贪求什么,而专意修治调理其内部(据王弼注)。② 却:退回。走马:善于奔跑的马,指战马。粪:动词,给田地施肥,这里就是种田的意思。③ 无道:与首句"有道"相反,指贪欲无

厌,不修治调理内部,而各自向外部贪求(据王弼注)。④"戎马"句:古代战争中只用公马而不用母马,由于战争连年不断,战马不足,连怀胎的母马也被驱入战阵,以致在战场上生驹。戎马:军马。生:产驹。郊:城邑以外的地区,这里泛指野外战场。⑤"罪莫"句:王弼本没有这一句。河上公本、傅奕本等古本及帛书甲、乙本都有,《韩非子》的《解老》《喻老》两篇也引了这句。据补。可欲:孙诒让、高亨认为应如《韩诗外传》所引作"多欲",更切合文义;马叙伦认为"多""可"通假。多欲,就是纵情增多欲望,扩张野心。⑥咎(jiù):灾殃。

【翻译】

天下太平有道,让战马退下来种地;天下荒乱无道,战马会在军阵中生驹。没有什么罪过比放纵欲望更大,没有什么祸患比不知满足更大,没有什么灾难比贪得无厌更大。所以知道满足为止,就永远是满足的。

四十七章

本章表现了老子在认识论观点。老子不看重感觉经验对认识过程的作用,而重视理性认识的作用。他认为,不必亲自体察,就可以推知社会历史和自然规律;实践多了、久了,反而会对人的认识能力产生负作用。他认为,得"道"的圣人可以不行自知,不见自明,不做自成。老子实际是要"守静"、"明心",以理性认识代替感觉经验。

不出户,知天下。 不窥牖①,见天道②。 其出弥远③,其知弥少。 是以圣人不行而知,不见而名④,不为而成。

【注释】

① 窥(kuī):视,透过孔隙看。牖(yǒu):窗户。② 天道:指日月星辰运行的规律。③ 弥(mí):越,更加。④ 名:通"明"。

【翻译】

　　不出房门，就能推知天下事情。不窥望窗外，就能看出天道变化。走得越远，知道的越少。因此圣人不用外出就知道情况，不用眼见就明了事物，不用作为就能成功。

四十八章

本章与四十七章联系很密切。开首二句十分重要,是对"为学"的贬抑和对"为道"的褒扬。老子认为,学习虽然使人们逐渐增长了适应现实社会的经验、知识和才干,但也逐渐增长了扰动内心的情、欲和巧智诈伪,离"道"越来越远;而修"道",可以使人们内心逐渐趋于虚静,清除巧智诈伪,直至"无为"。"无为而无不为",因此,人民相安无事,天下太平。

为学日益,为道日损①。损之又损,以至于无为。无为而无不为②。取天下常以无事③,及其有事④,不足以取天下。

【注释】

①"为学"二句:学:这里有特定的具体内容,只指"政教礼乐之学"。日益、日损:专指"情欲文饰"的益和损,即

指人的喜怒爱恶等情感、各种欲望、巧智诈伪等日渐增多和日渐减损(以上解释主要据河上公注解)。对这两句的理解,还可参见十八章和十九章的有关内容。②"无为"句:参见三十七章注。③ 取:为,治。见二十九章注。无事:就是"无为",不勉强生事,不扰动烦劳民众。④ 及:若。有事:就是"有为",人为生事,指政令繁多,烦扰民众。

【翻译】

　　求学就会一天比一天增多情、欲和巧伪,求道就会一天比一天减少情、欲和巧伪。减少了再不断减少,直到无为。无为却可以无所不为。治理天下常靠无所事事,倘若人为生事,就不能治理天下。

四十九章

本章描述的"圣人"实是老子心目中完美的统治者。老子以为,这样的"圣人"有的只是清静"无为"的原则,不怀私心,不怀区分善恶信伪的成见;百姓无论善与不善,他都一律待之以善;百姓无论可信与不可信,他都一律待之以诚信。因此,他就从治下百姓中普遍得到了善和诚。他自己因循自然,浑朴无欲,他还要让百姓都无见无闻,无知无欲,重归于淳朴。

圣人无常心①,以百姓心为心。 善者吾善之②,不善者吾亦善之,德善③。 信者吾信之,不信者吾亦信之,德信。 圣人之在天下,歙歙焉④;为天下⑤,浑其心⑥。 百姓皆注其耳目⑦,圣人皆孩之⑧。

【注释】

① 常心:固有之心,即成见,预先的标准。 ② 吾:指

"圣人"。③ 德：通"得"。德善：从百姓中普遍得到善，也就是人心向善。下"德信"与此同例。④ "圣人"二句：句中"之""焉"二字，王弼本无，傅奕本及帛书甲、乙本都有。据补。蒋锡昌以为这两句与二十章"我愚人之心也哉！沌沌兮"句法一致，"歙(xī)歙焉"是用来形容"圣人""俭啬(即节俭)无欲之状"。译文是意译。另，陈鼓应据范应元、刘师培和徐复观等人说法，解"歙"为收敛，指收敛意欲，可供参考。⑤ 为：治。⑥ 浑：混混沌沌。这里是使动用法。⑦ "百姓"句：王弼本无此句，其他各本及帛书甲、乙本都有，王弼注文也有，可知王弼原本有此句。据补。这句是说，百姓争相动用心智，专一注意耳闻目睹的事情，以审辨是非得失。⑧ 孩：通"阂"，闭塞。孩之，闭塞百姓的视听，使他们无闻无见(据高亨说)。另，或以为"孩之"是回复到婴孩一样的真朴状态。这两种解释有一相同之处，即要让百姓头脑简单，无知无欲。

【翻译】

圣人没有固定不变的心意，把百姓的心意视作自己的心意。善良的人我善待他们，不善良的人我也善待他们，这就能使人心向善。守信的人我信任他们，不守信的人我也信任他们，这就能让人心归于诚信。圣人在世，淡淡的没有欲望；治理天下，也使天下人混混沌沌的没有欲望。百姓都专一注意他们耳闻目睹的事情，圣人使他们全都闭目塞听。

五 十 章

本章讲养生之道。老子认为,人生在世,有生路,有死路,有可生可死的路,这几条路几乎各占人生之路的三分之一。生路、死路是预伏的,而可生可死的路是人为的。人们由于过于贪生,取用无度,违背了养生之道,其结果是自陷于死路。真正善于养生的人,清静寡欲,因随自然,虽临险境而能不入死地,所以长生。

出生入死①,生之徒十有三②;死之徒十有三;人之生生③,动之死地,亦十有三。夫何故?以其生生之厚④。盖闻善摄生者⑤,陆行不遇兕虎⑥,入军不被甲兵⑦。兕无所投其角,虎无所措其爪,兵无所容其刃。夫何故?以其无死地⑧。

【注释】

①"出生"句:全句指人的一生。入死:与"出生"相

对,指入地而死。另,或以为这句说离开了生地就会步入死地。供参考。② 徒:通"途"(据马叙伦说)。另,或解作类,可供参考。十有三:十分之三。这实际是个大致的约数,同下文两个"十有三",都近于三分之一的意思。译文还是按字面直译。③ 生生:王弼本只有一个"生"字。河上公本同。高亨据《韩非子》及范本、傅本认为应当重叠一个"生"字。帛书甲、乙本都叠用"生"字。据补。"生生"是动宾关系,相当于养生、求生的意思(据蒋锡昌、高亨说)。④ 生生之厚:求生过度,奉养丰厚,奢侈淫逸。⑤ 摄:保养。摄生:养生。⑥ 兕(sì):雌犀牛。⑦ 被:遭受。是动词。甲兵:偏义复词,取"兵"义。兵刃,兵器。⑧ 无死地:是说在危险四伏的环境中,却没有进入死地。这是因为他真正善于养生,一切顺应自然而避开了死地。

【翻译】

　　从出生世间到入地而死,生路约十分之三;死路约十分之三;人们在求生的时候步入死地,也约十分之三。这是什么原因呢?因为他对求生太看重了。听说善于养生的人,在陆地上行走碰不到犀牛和猛虎,进入军阵中碰不着刀枪。犀牛在他身上无处用角,猛虎在他身上无处用爪,刀枪在他身上无隙可找。这是什么原因呢?因为他没有进入死亡的境地。

五十一章

本章讲"道"生万物和万物尊"道",而核心是前者。"道"生成万物,养育万物,但却不占有,不图报,不主宰,一切因任自然,全都出于"无为"。这是"道"的"玄德",而万物对"道"的仰赖和尊崇,也并非受了其他什么力量的作用,而完全是出于自然。

道生之①,德畜之。物,形之;器,成之②。是以万物莫不尊道而贵德。道之尊,德之贵,夫莫之命而常自然③。故道生之,德畜之,长之,育之,亭之,毒之④,养之,覆之⑤。生而不有,为而不恃,长而不宰⑥,是谓玄德。

【注释】

① 之:指代万物。以下三个"之"与此同。② 器:王弼本及各本都作"势"。帛书甲、乙本都作"器"。据改。这几

句是说,万物,道使它们有了形状;器,德使它们完成。从语法上看"物"、"器"是外位成分,"之"复指;"形"字承前省略了"道"字,"成"字承前省略了"德"字。另,任继愈译这几句为:"体质使万物得到形状,(具体的)器物使万物得到完成。"供参考。③ 命:册命,赐爵位。④ "亭之"二句:河上公本等古本多作"成之,熟之"。高亨认为"亭"通"成","毒"通"熟"。⑤ 覆:覆盖,保护。⑥ "生而"三句:参见二章"万物作而弗始"等句。

【翻译】

　　道生成万物,德畜养万物。万物,是道使它们有了形状;器,是德使它们完成。因此,万物无不尊崇道而贵重德。道所以被尊崇,德所以被贵重,并没有谁册命封许而常常是顺随自然。所以道生成万物,德畜养万物,让它们生长,让它们发育,让它们结果,让它们成熟,抚养它们,保护它们。生成万物而不占有,助长万物而不望报答,使万物壮大成熟而不管制,这就是幽隐深远的德。

五十二章

本章与四十七章互相联系,表现出老子认识论的观点。老子认为,"道"是天下万物的根本,守"道"才能认识万物,而认识了万物,还要反过来守"道",这才能终身安常处顺。他认为,感觉经验是不必要的,应该闭目塞听,无知无欲,虚静守柔,内观返照,这样才能晓悟事理,不遇祸殃。

天下有始,以为天下母①。既得其母,以知其子②;既知其子,复守其母,没身不殆③。塞其兑,闭其门④,终身不勤⑤。开其兑,济其事⑥,终身不救。见小曰明⑦,守柔曰强⑧。用其光,复归其明⑨,无遗身殃,是为袭常⑩。

【注释】

①"天下"二句:天下:指万物。始、母:都指"道"。参见一章:"无,名天地之始;有,名万物之母。"也可参见二十五章

开头六句。② 子:这里指万物。③ 没(mò):终。殆(dài):危险。④ "塞其"二句:是说要人们同外界隔绝,无见无闻,无欲无求。兑(duì):孔穴,通孔。这里指体察外物的耳目鼻口等感官。门:这里指精神之门,欲望之门。⑤ 勤:马叙伦认为通"瘽",这与下文"终身不救"相应。帛书甲、乙本都作"堇",应是"瘽"的古字。瘽(qín):病。多数学者都用"勤"字本义勤劳来解释,也可以讲通。⑥ 济:成。⑦ "见小"句:《淮南子·兵略训》:"见人所不见谓之明。"小:指一般人见不到的事物。⑧ 强:这里的含义不是柔弱胜刚强(三十六章)中的"强",而是在柔中蕴含着的强,是强韧不折。⑨ "用其"二句:这里的意思是,光可以照映外物,光是由内在的本体"明"发出的,它最终还应回归内在的"明"。老子主张不要向外驰求,而应回光照内,就是回归于"道"。五十八章"光而不耀",也是这个意思。⑩ 袭:王弼本作"习",河上公本、傅奕本等古本多作"袭",帛书甲本(乙本缺文)也作"袭"。据改。袭常:因循不变的常道。参见二十七章:"是谓袭明。"

【翻译】

天下万物都有原始,这是天下万物的根本。已经知道了万物的根本,就能认识万物本身;已经认识了万物本身,又守住它的根本,那就终身都不遭危害。堵塞住嗜欲的孔窍,禁闭住嗜欲的门户,那就终身不会出毛病。敞开嗜欲的孔窍,任其嗜欲得逞,那就终身不能救治。观察入微叫做明,保持柔弱叫做强。运用含蓄的光,返照内在的明,不给自身留下祸殃,这就叫因循不变的常道。

五十三章

本章反映的是社会政治内容。老子尖锐地批评了包括宫廷权贵在内的剥削者,深刻地揭示出过分剥削所造成的严重社会矛盾:一方面穷奢极欲,挥霍无度;一方面是田地荒芜,生产受到严重破坏。老子因此斥骂剥削者为强盗头子,这同后来《庄子》中"窃钩者诛,窃国者为诸侯"的愤怒呼声大体近似。可参见七十五章和七十七章的有关内容。

使我介然有知①,行于大道,唯施是畏②。大道甚夷,而民好径③。朝甚除④,田甚芜,仓甚虚;服文彩⑤,带利剑,厌饮食⑥,财货有余,是谓盗夸⑦。非道也哉!

【注释】

① 介然:微小的样子。②"唯施"句:与通用成语"唯

命是从"是同样的句式。施:通"迤",意为邪(据王念孙说)。这里指邪路。③ 径:抄近的小道。这里与大道相比较,含有崎岖不平、旁逸斜出的意思。④ 朝:朝廷,此指宫室建筑。除:整洁。另,高亨以为通"涂",解作污。那么全句就是说朝廷政治污浊。此说可供参考。⑤ 文彩:用彩色丝织品制作的有纹饰的服装,就是贵重华丽的服装。⑥ 厌:饱足。⑦ 盗夸:《韩非子·解老》引作"盗竽",高亨说"夸""竽"古通用。竽是古代器乐合奏中的主导乐器,其它乐器都随和着它而起落终始。因此用来比喻团伙中的头领。这里说"盗夸(竽)",就是说强盗头子。

【翻译】

假使我稍有见识,就要走在大道上,唯恐步入邪路。大道非常平坦,可是人们喜好坑洼不平的捷径。宫室非常整洁,田地极其荒芜,仓库十分空虚;有人服饰华美,佩带锋利的宝剑,吃饱喝足,财物享用不尽,这就是强盗头子。是背离了正道啊!

五十四章

本章主要针对上层权贵讲"道"的功用。老子认为,贯彻"道"的原则,不仅有利于修"道"者个人及其子孙,而且可以横向推而广之,用之于家、乡、国,乃至全天下。"德"也随之同步增长。老子还认为,也只能用"道"的原则来正确地认识和检验自身及身外的家、乡、国,乃至整个天下。

善建者不拔,善抱者不脱①,子孙以祭祀不辍②。修之于身③,其德乃真;修之于家④,其德乃余;修之于乡,其德乃长;修之于国,其德乃丰;修之于天下,其德乃普。故以身观身,以家观家,以乡观乡,以国观国,以天下观天下⑤。我何以知天下然哉⑥?以此⑦。

【注释】

①"善建"二句:比喻得"道",守"道",按"道"的原则

办事。吴澄认为本章全是讲"无为而治"的原则。他说:开头这两句的意思是:有建必有拔,有抱必有脱,所以"善建者以不建为建,则永不拔;善抱者以不抱为抱,则永不脱。善于保国延祚(延长国运)者亦然,无心于留天命而天命自留"。吴说可供参考。② "子孙"句:子孙因此祭祀不绝。这里的意旨是子孙繁衍昌盛。辍(chuò):停止,断绝。③ 修:治,这里有贯彻、运用的意思。④ 家:大夫的领地。由此至以下"乡"、"国"、"天下",表示统辖领域的逐级扩展。⑤ "故以"五句:这里理解不很一致,译文据张松如说。另,河上公注:"以修道之身观不修道之身,孰亡孰存也,以修道之家观不修道之家也,以修道之乡观不修道之乡也。"蒋锡昌据此作解。陈鼓应据林希逸解为:"以自身察照别人,以自家察照他家,以我乡察照他乡。"这些解释可供参考。⑥ 然:代词,这样。译文是意译。⑦ 以此:"此"所指代的就是"以身观身"等五句的内容。

【翻译】

善于建立的坚不可拔,善于抱持的牢不松脱,子孙能遵守此理,祭祀就会世世代代永不断绝。能自身贯彻这一原则的,他的德才是真诚的;在一家贯彻这一原则的,他的德就富余;在一乡贯彻这一原则的,他的德就受到尊敬;在一国贯彻这一原则的,他的德就丰盛;在天下贯彻这一原则的,他的德就遍及天下。所以,要用修身之道来观察一身,用齐家之道来观察一家,用合乡之道来观察一乡,用治国之道来观察一国,用平天下之道来观察全天下。我凭什么知道全天下的情况呢?就依据这种原则。

五十五章

本章以婴儿比喻"含德之厚"的得"道"者,他们无知、无欲、无为,因此于内"专气致柔"(十章),于外不遭异物伤害,永远处于纯真、充实、自然、和谐的状态。告诫人们,贪生纵欲,任气使强,就背离了"道",就会由盛壮走向衰老死灭。老子是要人们返本复初,"复归于婴儿"(二十八章)。

含德之厚,比于赤子①。蜂虿虺蛇不螫②,猛兽不据③,攫鸟不搏④。骨弱筋柔而握固,未知牝牡之合而朘作⑤,精之至也。终日号而不嗄⑥,和之至也。知和曰常,知常曰明。益生曰祥⑦,心使气曰强⑧。物壮则老,谓之不道,不道早已⑨。

【注释】

① 赤子:初生的婴儿。② 虿(chài):蝎类毒虫。虺

(huǐ)：毒蛇。螫（shì）：蜂、蝎等叮刺。③ 据：野兽用爪抓取。④ 攫（jué）鸟：凶猛的鸟，指鹰雕类。搏：捕拿，抓取。⑤ 牝（pìn）牡：本义是动物的雌性和雄性，这里用来指人的女性和男性。合：指性交。朘（zuī）：王弼本作"全"，傅奕本和帛书乙本（甲本缺文）作"朘"，据改。指小男孩的生殖器。作：起，勃起。⑥ 号：放声哭。嗄（shà）：声音嘶哑。⑦ 益生：违逆自然而使生命得到增益，即贪生纵欲，与五十章"生生"同义。祥：古时吉凶祸福都可以用"祥"，后世才专用于吉祥义。这里所指是妖祥，不吉祥，灾殃。⑧ "心使"句：人的意念欲望支配气，是逞强，人为之强，这与十章"专气致柔"反义。⑨ "物壮"三句：已见于三十章。蒋锡昌以为这里的"壮"指"益生""使气"而言，与三十章的"壮"指"武力暴兴，以兵强于天下"的意义不同。马叙伦以为这几句是错简复出。

【翻译】

　　蓄德深厚的人，如同新生的婴儿。蜂蝎不螫，毒蛇不咬，猛兽不扑，恶鸟不抓。筋骨柔弱但拳头握得结结实实，还不知道男女的交合但小生殖器却自然勃起，这是精气充足饱满的缘故。整天放声哭而声音不嘶哑，这是身体谐和达于至极的缘故。知道谐和的道理就叫做得到了常道，知道了常道就叫做聪明。贪生纵欲就是灾殃，欲望支配了气就是逞强。事物一旦壮盛就会走向衰老，可说是不合乎道，不合乎道就要很快灭亡。

五十六章

本章所讲得到"玄同"的人,就是上章所说"含德之厚"的得"道"的"圣人"。他们不需见闻,无所欲求,不露锋芒,不陷入纠纷,内敛光辉,混同尘俗,超脱于亲疏、利害和贵贱之别,所以是天下最高贵的人。

知者不言,言者不知。塞其兑,闭其门,挫其锐,解其纷,和其光,同其尘①,是谓玄同②。故不可得而亲,不可得而疏;不可得而利,不可得而害;不可得而贵,不可得而贱③。故为天下贵。

【注释】

①"塞其"六句:前两句已见于五十二章,马叙伦以为是误记复出。纷:王弼本作"分",各本多作"纷",帛书甲、乙本也都作"纷",因据改。句中的各"其"字,都是指得到"玄同"的人(据任继愈说)。另,高亨以为这里是论"圣人"

治民之术,各"其"字都指民而言。车载以为章内"锐、纷、光、尘就对立说,挫锐、解纷、和光、同尘就统一说"。这些说法都值得参考。② 玄同:玄妙齐同的境界,也就是"道"的境界。张松如贯通全章解释说:"这里所讲的'玄同',也就是'抱一'、'得一',使事物处于一种无差别的状态。在老子那里,他是看到了对立而夸大了'同一'。"③ "故不"六句:是说得到"玄同"的"圣人"超脱于亲疏、利害、贵贱之外。所以,谁都不能对他亲近或疏远,谁都不能对他施利或加害,谁都不能使他高贵或下贱。

【翻译】

真知的人不轻易说话,轻易说话的人不是真知。堵塞住嗜欲的孔窍,禁闭住嗜欲的门户,钝化锋芒,超脱纠纷,含蓄光耀,混同尘俗,这就叫符合道了。所以,对于达到这种境界的人,应不分亲,也不分疏;不分利,也不分害;不分贵,也不分贱。所以他就成为全天下最尊贵的人。

五十七章

本章讲"无为而治",讲"有为"不如"无为"。老子认为,日益增多的法令教律、新技术和新器具,都属于"有为"的东西,都破坏了纯朴自然,因此造成人们贫穷、社会混乱、邪恶纷起。只有无事无欲、清静无为、不强行干涉和任意搅动,才能使百姓自然归化,生活富足,风气淳朴,社会也就自然安定。本章与三十七章相对应,而本章从正反两方面入手,比三十七章说得更为具体透彻。

以正治国①,以奇用兵②,以无事取天下。吾何以知其然哉?以此③:天下多忌讳④,而民弥贫⑤;民多利器⑥,国家滋昏;人多伎巧,奇物滋起⑦;法令滋彰⑧,盗贼多有。故圣人云:"我无为而民自化,我好静而民自正,我无事而民自富,我无欲而民自朴。"

【注释】

① 正：指正规的方法。蒋锡昌以为就是"清静之道"。② 奇：奇诡，随机应变。③ 此：指代下面四个分句。④ 忌讳(huì)：禁令教诫。⑤ 弥(mí)：更加，越发。下文"滋"同此。⑥ 利器：这与三十六章"国之利器"涵义不同，这里指便利的器具（据吴澄说）。参见八十章"虽有什伯之器"数句内容，还可参见十九章"绝巧弃利"注。另，有人解为兵器，可供参考。⑦ "人多"二句：伎：通"技"。伎巧：即十九章所言"绝巧"之"巧"。奇物：新奇之物，就是三章所说的"难得之货"。它应包括上句"利器"。从逻辑关系上看，这两句实是前句"民多利器"的前提。另，王弼注："民多智慧则巧伪生，巧伪生则邪事起。"张松如把这两句写定为"民多智慧而邪事滋起"，可供参考。⑧ 彰：明白，这里有严苛的意思。

【翻译】

以正道治理国家，以奇诡的方法用兵，以无所作为来掌握天下。我怎么知道事情是这样的呢？根据下面的事理：天下的禁令教诫越多，百姓就越贫穷；百姓的便利器具越多，国家就越昏乱；人们的技巧越多，邪恶的事情就越出现；法令越彰明、严厉，盗贼就越多。所以圣人说："我无所作为，人民就自然顺化；我喜欢清静，人民就自然安定；我不生事，人民就自然富庶；我没有欲望，人民就自然淳朴。"

五十八章

本章表现了老子朴素的辩证法思想。首先以执政为例,指出"无为"之政会导致民风淳朴,长治久安;"有为"之政会导致民风奸伪,社会动荡。接着,以一般的祸福善恶的转化为例,说明一切事物内部无不存在互相对立的两种因素,即四十二章所说的"万物负阴而抱阳"。福中有祸,祸中有福,祸福都能向其对立面转化,而这种转化是超乎人们意料的,不可把握的。最后,提出了"圣人"的处世哲学:为避免事情向不利的方面转化,就要时时处处适可而止,要含而不露,柔而不强,守而不争。

其政闷闷,其民淳淳①;其政察察,其民缺缺②。祸兮,福之所倚;福兮,祸之所伏。孰知其极③? 其无正邪④? 正复为奇,善复为妖⑤。 人之迷,其日固久。是以圣人方而不割⑥,廉而不刿⑦,直而不肆⑧,光而不耀⑨。

【注释】

①"其政闷闷"二句:统治者不动声色,无事可做,无政可举,模模糊糊,稀里糊涂地行"无为"之政,而民风淳朴,天下和乐无争。闷闷:不清晰的样子。②"其政察察"二句:统治者严苛刑律,动则赏罚,以智术行"有为"之政,而民风狡诈奸伪,天下不安。察察:明辨的样子,与上句"闷闷"同见于二十章。缺:高亨以为通"狯",即狡狯,狡猾。"缺缺"即狡猾的样子。③极:终极,究竟。④"其无"句:王弼本无"邪"字,据傅奕本和马叙伦《校诂》补。这一句是就下两句提出的反问。其:反诘副词。⑤"正复"二句:"正"与"奇","善"与"妖"各自反义相对,如上文"福""祸"相对。奇:邪。妖:不善,恶。⑥"是以"句:与下面三句都是比喻。这句的意思是:器物方正就有棱角,棱角近似锋刃,可以割伤他物,但"圣人"是"大方无隅"(四十一章)的,所以并不割伤什么。⑦"廉而"句:与"方而不割"词异而义同。廉:有棱角。刿(guì):以刃划伤。⑧"直而"句:肆:伸。"圣人"是"大直若屈"(四十五章)的,所以虽直而不伸展。⑨"光而"句:参见五十二章:"用其光,复归其明。"

【翻译】

哪里治国之政不那么清晰,哪里的人民就朴朴实实;哪里治国之政严苛明察,哪里的人民就奸诈狡猾。灾祸啊,是幸福的依身之地;幸福啊,是灾祸的藏身之所。谁知道它们变化的究竟呢？难道没有个定准吗？正会倒转作邪，善会倒转成恶。人们的迷惑，由来已经很久了。因此圣人方正而不损伤什么，有棱角而不划伤什么，正直而不放肆，光明却不炫耀。

五十九章

本章提出"啬"的原则。老子把"啬"看作是"治人"、"事天"的最好原则,是"三宝"之一(见六十七章)。"啬"是要收敛充实于内,是要积"德"。"德"是"道"的体现。积"德"就是为"道","德"深则"道"厚,就会无所不能,无所不至,就会获得旺盛的生机和坚实的根本。据以治国,则国运长久;据以养身,则长生不衰。

治人事天①,莫若啬②。夫唯啬③,是以早复④。早复谓之重积德⑤。重积德,则无不克;无不克,则莫知其极⑥;莫知其极,可以有国⑦;有国之母⑧,可以长久。是谓深根固柢、长生久视之道⑨。

【注释】

① 治人:治民,治理国家。事天:保养天赋,养生(据林希逸、吴侗和陈鼓应等人所说)。也有人把"天"解释为

上天、自然。② 啬(sè)：吝啬。在本章具体指爱惜和蓄藏精力。与六十七章的"俭"意义近同。也有把"啬"训为收谷，引申为"穑"之义的，可供参考。③ 夫唯：句首语气词，有提起和说明原因的作用。④ 是以：王弼本作"是谓"。傅奕本及帛书乙本(甲本缺文)都作"是以"，与上句"夫唯"相应，其句式如二章："夫唯弗居，是以不去。"此改作"是以"。复：王弼本作"服"，《释文》和司马光本等作"复"。蒋锡昌、马叙伦等都以为原作"复"。据改。下句"复"字同此。复，指返本，复返于"道"。另，任继愈等据王弼本"服"字而以为通"备"，解作准备。可供参考。⑤ 重：厚，多。⑥ 极：终极，极限。⑦ "可以"句："有"在这里是保有而不丧失的意思。高亨怀疑"国"字下有"之母"二字，虽暂无实证，但颇有道理，便于理解。可供参考。⑧ 母：比喻国家赖以安定的根本。⑨ 柢(dǐ)：树根。据《韩非子·解老》，蔓延的根叫"根"，下扎的直根叫"柢"。久视：久立(据高亨说)，即长久存在。

【翻译】

治国和养生，没有比吝啬更好的原则。正因为吝啬，所以能及早返归于道。及早返归于道就是要多多积德。多多积德，就无所不能；无所不能，他的力量就无法估计；他的力量无法估计，就可以统治国家；有了统治国家的根本，就可以长存永在。这就是根深柢固、长命不衰的原则。

六 十 章

本章讲"无为"之政。老子以烹小鱼为例,说明治国应以清静为要则,万不可任意搅扰百姓。治国者守"道""无为",就可以使潜在的恶势力无机可乘,无祸可作。各种势力互不骚扰伤害,各守其静,天下就会相安无事。

治大国,若烹小鲜①。以道莅天下②,其鬼不神③;非其鬼不神,其神不伤人;非其神不伤人,圣人亦不伤人④。夫两不相伤⑤,故德交归焉⑥。

【注释】

①"若烹"句:小鲜:就是小鱼。《诗经·桧风·匪风》毛传:"亨(烹)鱼烦(一再扰动)则碎,治民烦则散(散乱),知亨(烹)鱼则知治民矣。"② 莅(lì)临。参见三十一章"以哀悲立之"注。莅天下:是君临天下、治理天下的意思。③ 神:灵,灵通。④"圣人"句:"圣人"行"无为"之政,不扰

动百姓,不行赏罚而任其自然,这就是"不伤人"。⑤ 两不相伤:双方不互相伤害。这里说双方,有两层含义:一是统治者和百姓这双方,二是鬼和人这双方。《韩非子·解老》:"上不与民相害,而人不与鬼相伤,故曰'两不相伤'。"高亨也持此说。对立的双方不相伤害,就是消除了矛盾,各守其静。另,王弼解作神和圣人都不伤害人,信从这种说法的人很多,可供参考。⑥"故德"句:意思是,鬼怪、"圣人"和所有的人都各归其"德",各守其静。交:俱,都。另,蒋锡昌解作"(神与圣人)故得交归于民",他认为"德"通"得";任继愈译作"所以(人与鬼)都(互相)称赞'圣人'的德"。蒋、任两家的注译可供参考。

【翻译】

治理大国,像烹小鱼一样。用道治理天下,那些鬼神就不灵了;不是那些鬼神不灵,而是灵也不伤害人;不只是鬼神不伤害人,圣人也不伤害人。正由于双方互不伤害,所以人们和鬼神、圣人彼此都能以德相待。

六十一章

本章针对国与国之间争端迭起的现实,主张以谦下无争作为处理国际关系的准则,尤其希望势强位尊的大国消除以武力强权侵凌弱小的行为而信守这一原则。老子认为,居下处静,甘做"天下之牝",非但不会吃亏,而且必有所得;如果大小国家都奉行这一原则,那么,大国会得其大欲,小国会得其小欲,大家都会在无争竞、无纷乱的世界中心满意足。首句"大国者,下流"与末句"大者宜为下"呼应,反映了老子把化干戈为玉帛的希望寄托在大国行"道"上。

大国者,下流①,天下之交②,天下之牝③。牝常以静胜牡④,为其静也,故宜为下⑤。故大国以下小国⑥,则取小国⑦;小国以下大国,则取于大国⑧。故或下以取,或下而取⑨。大国不过欲兼畜人⑩,小国不过欲入事人。夫两者各得其所欲,大者宜为下。

【注释】

① 下流：下游。水流的下游最终汇聚容蓄了众多的溪谷河川之水，所以用"下流"比喻大国在众多小国中的地位。参见六十六章："江海所以能为百谷王者，以其善下之。"② 交：交汇。承上句"下流"，表示众水的汇聚处，比喻各小国的归附处。③ 牝：动物的雌性，用来比喻大国应自处的地位。④ "牝常"句："牡"是动物的雄性。雌性动物惯于安静，雄性动物惯于躁动，老子以为安静可以控制躁动。二十六章："静为躁君。"⑤ "为其"二句：王弼本作"以静为下"，各本互异，此据帛书乙本和张松如《校读》改。⑥ "故大"句："大国以下小国"相当于"以大国下小国"，下文"小国以下大国"仿此（高亨对此句式有详说）。下小国：对小国谦下。下文"下大国"仿此例。⑦ 取：通"聚"，会聚，聚拢。下三个"取"字也都通"聚"。⑧ "取于"句：王弼本无"于"字，帛书甲、乙本都有，据补。"于"字标志着本句的被动句性质。所以，本句的"取（聚）"是被聚，也就是被容纳的意思，因此译为"见容"。⑨ "故或"二句：上"取"字与"取小国"之"取"义同，下"取"字与"取于大国"之"取"义同。⑩ 兼：兼并，聚拢，收拢。畜（xù）：畜养。兼畜：相当于领导的意思。

【翻译】

大国，就像江河的下游，是天下交汇的地方，是天下雌性的所在。雌柔永远以安静胜过雄强，因为它安静，所以最适宜居守下位。所以如果大国对小国谦下，就能聚拢起小国；如果小国对大国谦下，就能见容于大国。所以有的（大国）谦下以聚拢小国，有的（小国）谦下而见容于大国。大国不过是想领导别的小国，小国不过是想投靠顺从别的大国。双方都可以满足自己的愿望，大国尤其应该做出谦下的姿态。

六十二章

本章讲人们贵重"道"的理由,也就是讲"道"的普遍功用。"道"是万物之主,它是君临天下的至宝,它是实现人们愿望的至宝,它是免除人们罪过的至宝。

道者,万物之注①,善人之宝,不善人之所保。美言可以市尊,美行可以加人②。人之不善,何弃之有③? 故立天子,置三公④,虽有拱璧以先驷马⑤,不如坐进此道。古之所以贵此道者何? 不曰求以得⑥,有罪以免邪? 故为天下贵。

【注释】

① 注:各本都作"奥"。高亨曾怀疑作"主",帛书甲、乙本同作"注",正与"主"通。据改。② "美言"二句:王弼本原作"美言可以市,尊行可以加人"。《淮南子》两引此文并作"美言可以市尊,美行可以加人"。俞樾据此断定"今

本脱下'美'字",晚近诸家多从俞说。此据改。市:买卖,这里是换取、博取的意思。加:施加。加人:施加到他人身上,即对其他人发生影响。另,奚侗据《尔雅》释"加"为"重",释"加人"为"见重于人",可供参考。③"人之"二句:二十七章说:"圣人常善救人,故无弃人;常善救物,故无弃物。"与这两句意思一致。④ 三公:辅助国君掌握军政大权的最高官员。周代三公包括太师、太傅和太保。⑤ 璧:玉器,圆镜形,中心有圆孔。古代用璧作贵重礼品。拱璧:双手拱抱的大玉璧。驷(sì)马:古代一台车并用四匹马,一般说"驷马",就是指四马齐全的一套车。拱璧以先驷马:古代奉献礼物,轻物在先,贵重物在后。这里说的是古代奉献礼,先奉献拱璧,随后又奉献比拱璧更贵重的驷马。另,本句与下句,许抗生据高亨说,译作:"虽然有贵重的美璧作礼物,驾着四马之车出去询问治国的道理,不如坐下来进修此'道'。"可供参考。⑥ 求以得:王弼本作"以求得",傅奕本、敦煌本等古本及帛书乙本(甲本缺文)都作"求以得",与下句"有罪以免"对文。据改。

【翻译】

道是万物的主,是善人的宝,也是恶人所要保持的。漂亮的言词可以博取别人的敬仰,美好的行为可以给人以影响。人做了不好的事情,有什么理由抛弃他呢?所以天子登基,三公就职,虽然有先奉献拱璧、后随驷马的礼仪,也不如用道作进献礼。古来所以贵重这个道,是什么原因呢?不就是说有求就能得到,有罪就能免去吗?所以道才被天下看得贵重无比。

六十三章

本章主要包含两个方面的思想:其一,"无为而无不为";其二,朴素的辩证法观点。这两个方面的思想是交融在一起的。老子说"为无为,事无事,味无味",这就已经透露出他还是要"为"的,只不过是要以"终不为大"的方式实现"故能成其大"的最终目的。老子看到了各种事情发展过程中难和易、大和细的对立统一关系,主张人们要适应它,由易"图难",由细"为大",既充分看到其大、难的一面,又从细小、容易处起步,循序渐进,最终就会化难为易。

为无为,事无事,味无味①。大小多少,报怨以德②。图难于其易,为大于其细。天下难事,必作于易③;天下大事,必作于细。是以圣人终不为大,故能成其大。夫轻诺必寡信④,多易必多难。是以圣人犹难之⑤,故终无难矣。

【注释】

①"为无"三句:各句第一个字都是谓语,意动用法。三句基本意思相同,都是说要以"不作"为"作"。蒋锡昌说:"三章'为无为,则无不治',即此'为无为'之义。四十八章'取天下常以无事',即此'事无事'之义。三十五章'道之出口,淡乎其无味',即此'味无味'之义。"②"大小"二句:各家说法不一,译文据高亨和张松如所解。另,任继愈译为:"不管人家对我仇恨多大,我总是以'德'报答他。"严灵峰认为"报怨以德"句原应在七十九章"必有余怨"句下,陈鼓应从之。任译和严说可供参考。③ 作:起,开始,发生。④ 诺:许诺,允许。⑤ 犹:还,还是。

【翻译】

把不作为当作有作为,把不做事看成做事,把无味当作有味。把小事看成大事,把微妙看成众多,用恩德报答怨恨。考虑难办的事要从简易处着眼,实现大的目标要从细微处入手,天下的难事都必定从容易处做起;天下的大事都必定从细微处做起。因此圣人始终不贪大,所以才能有大的成就。轻率许诺必定会丧失信用,把事情看得很容易必然要遭受很多困难。因此圣人总是看重困难,所以永远没有困难。

六十四章

本章与六十三章所讲要点相同而又进一步发挥。老子注意到了各种事情都是从无到有,从小到大,都要经过孕育、萌芽、发展到最终完成的过程,认为人们要想清静而少生祸乱事端,就要"为之于未有,治之于未乱",这就是上章所言"图难于其易"。而对于不得不完成的事情,就要顺应自然,从最细小处开始,渐次累积,"慎终如始",以期瓜熟蒂落,这就是上章所言"为大于其细",也就是"无为而无不为";如果强行硬为,或善始不善终,都必遭失败。章末说"欲不欲"、"学不学",这与六十三章开头"为无为"等句显然是遥相呼应的。

其安易持,其未兆易谋①;其脆易泮②,其微易散。为之于未有,治之于未乱。合抱之木,生于毫末③;九层之台,起于累土④;千里之行,始于足下。为者败之，执者失之。是以圣人无为故无败，无执故无失⑤。民之从事⑥，常于几成而败之⑦；慎终如始，则无败事。是以圣人欲不欲⑧，不贵难得之货⑨；学不学⑩，复众人之所过⑪。以辅万物之自然，而不敢为。

【注释】

① 兆：征兆，苗头。② 泮(pàn)：通"判"，剖分，分解开。这里指分化以致消解，与下句"散"意思近同。③ 毫末：细毛尖，这里是比喻树木初生时极细小的萌芽。④ 累：通"虆"(léi)，盛土的笼具。累土：如同说一筐土。⑤ "为者"四句：上两句已见于二十九章。奚侗说这四句与本章上下文义不相关，认为原属二十九章而误掺于此章。马叙伦、陈鼓应等从之。⑥ 民之从事：犹谓从民之事。从，为也，见《管子·正世》"知得失之所在，然后从事"。⑦ 几(jī)：近，接近，快要。⑧ 欲不欲：与下句"学不学"都与六十三章"为不为"句法同。蒋锡昌解为"圣人则欲人之所不欲"，可供参考。⑨ "不贵"句：见二章。⑩ 学不学：老子以为"为学日益，为道日损"(见四十八章)，所以这里称赞圣人以不学为学。另，蒋锡昌解为"圣人学人之所不学"，可供参考。⑪ 复：返回。应指返归于"道"。又据高亨说，"复众人之所过"当作"以复众人之过"，与"不贵难得之货"句法略同，义亦明莹，增"所"字则赘矣。老子所谓圣人无为者，只是辅助万物之自然而已。另，朱谦之解作复补，任继愈据之解为补救，可供参考。

【翻译】

局势安定时容易维持，事情没露苗头时容易筹谋；事物脆弱时容易消解,事物微小时容易散除。要在事情还没有发作时处理它,要在局势还没有动乱时治理它。合围粗的大树,是由细小的萌芽长成的;九层的高台,是由一筐土筑起的;千里行程,是从脚下开始的。勉强从事的会毁坏它,把持不放的会失去它。所以圣人不妄为,所以没有失败;不把持不放,所以无所丧失。做治理老百姓的事情,常常功败垂成;如果做事情直到终结能一直像开始那样谨慎,那么就不会败事了。因此圣人把无欲望当作欲望,不看重难得的财货;把不学看作学,从众人的过错中返归于道。以此辅助万物的自然变化,而不敢妄为。

六十五章

本章讲以"道"为政的一项重要原则：愚朴返真，顺应自然。老子认为，百姓难治就难在他们有心智巧伪，而百姓有无心智巧伪，与执政者关系极大。如果执政者巧用心智，就会诱发并增广人民的"情欲文饰"，使社会离真朴日远，天下不得安宁。如果执政者不用心机巧术，就会引导人民浑厚无邪，使社会同真朴日近，天下太平无争。老子要人民不明而愚，是同执政者不用智术紧相联结，并以后者为前提的，在此是"无为而治"思想的反映，这同后代统治者专以奸诈之术实行愚民政策是不同的。但后代统治者在实行愚民政策的时候，往往口诵老子之言，这也是事实，这虽然并非老子本意，但也说明了老子思想中含有消极、保守的一面，所以才可能被历代统治者所利用。

古之善为道者，非以明民，将以愚之①。民之难治，以其智也②。故以智治国，国之贼③；不以智治国，国之福④。知此两者⑤，亦稽式⑥。常知稽式，是谓玄德。玄德深矣，远矣，与物反矣⑦，然后乃至大顺⑧。

【注释】

① "非以"二句："明"、"愚"相对，"明"并不是一般意义的聪明，而是指巧伪奸诈；"愚"也不是一般意义的愚昧，而是指真朴淳厚。张松如说："在老子这里，'聪明'常常是'大伪'的同义语，'愚昧'又往往是'自然'的替代词。" ② 智也：王弼本作"智多"。帛书甲、乙本都作"知也"，"知"、"智"古通用。郑良树认为，老子主张"绝圣弃智"（十九章），"绝"和"弃"并没有多和少的程度，而是彻底，所以"多"是衍文。此参据帛书和郑说改作"智也"。③ "故以"二句：这里包含的意思是：统治者用巧智邪术统治百姓，防备百姓生出奸伪，百姓也就用巧智来应付和逃避。统治者治民防民之术越密巧，百姓奸伪巧诈也就越多，所以是国家的祸害。贼：害。可参见十八章："智慧出，焉有大伪。"五十八章："其政察察，其民缺缺。" ④ "不以"二句：与上两句相反，意思是：统治者不用巧智邪术，那么百姓就不生奸巧伪诈，国家也就自然安宁。这就是五十七章所言"我无为而民自化"、五十八章所言"其政闷闷，其民淳淳"。 ⑤ 两者：指上四句中对立的两种情况。 ⑥ 稽（jī）式：楷式，法则。 ⑦ 反：通"返"，指返归真朴。另，有人取"反"的相反义，认为全句的意思是，深远的"玄德"和具体事物的性

质相反。可供参考。⑧ 顺:这里指随顺自然。

【翻译】

古代善于行道于天下的人,不是教人民精明智巧,而是要使他们敦厚纯朴。人民所以难以治理,乃是因为他们有智巧。所以用智巧治国,是国家的灾祸;不用智巧治国,是国家的幸福。认识这两者是治国的法则。经常认识、掌握这个法则,就是顺乎自然之德。自然之德又深又远,它同万物一同返归于本原,然后才能达到完全顺应自然。

六十六章

本章是体现老子辩证法的王者之道。老子认为,统治者肯于居下,才会居上;肯于退后,才会进前;肯于不争,才会无人能争。也就是"无为",才可以"无不为"。但是,现实社会中的统治者,无不弄权作势于国内,极欲扩张于国外,天下百姓不堪其威压扰害之苦。所以,老子要统治者谦下、退身,以使百姓"不重"、"不害"、"乐推而不厌"。

江海所以能为百谷王者,以其善下之,故能为百谷王①。是以圣人欲上民②,必以言下之;欲先民,必以身后之。是以圣人处上而民不重③,处前而民不害。是以天下乐推而不厌。以其不争,故天下莫能与之争。

【注释】

①"江海"三句:以"江海"、"百谷"设喻,说明居下可

以兼容广纳,可以居长成王。三十二章:"譬道之在天下,犹川谷之于江海。"六十一章:"大国者,下流。"都与此章取譬近似。② 圣人:王弼本无此二字,傅奕本、河上公本等古本有,帛书甲、乙本也都有。据补。上:与以下三句的"下"、"先"、"后",都用作动词。③ 重:觉得沉重,觉得受了重压。

【翻译】

江海之所以能成为千百条溪流的王,是因为它善于位居这些溪流的下方,所以才能成为千百条溪流的王。因此圣人要想统治人民,一定要在言辞上对他们表示谦下;想要作人民的先导,一定要把自己的利益放在人民之后。因此圣人居于上面而人民并不觉得受累,居于前面而人民并不觉得受妨害。因此天下人都乐意拥戴而不厌弃他。因为他不同别人争,所以天下没有人能同他争。

六十七章

本章讲"道"的原则在政治和军事方面的具体运用。章内"我"指的是"道"。所言"三宝"就是"道"的三条重要原则。老子认为,持守"三宝",贯彻慈柔、俭啬、退后的精神,就能勇悍、扩展、成为尊长;反之,若丢开"三宝"而单图勇悍、扩展和做尊长,就必然走向灭亡。

天下皆谓我大①,大而不肖②。夫唯不肖,故能大③。若肖,久矣其细也夫!我有三宝,持而保之:一曰慈④,二曰俭⑤,三曰不敢为天下先⑥。慈,故能勇;俭,故能广;不敢为天下先,故能为成器长⑦。今舍慈且勇⑧,舍俭且广,舍后且先,死矣。夫慈,以战则胜,以守则固。天将救之,以慈卫之。

【注释】

①"天下"句:王弼本在"我"字下有"道"字,傅奕本、

河上公本等本及帛书乙本（甲本缺文）皆无。据删。我大：就是"道"大。二十五章："字之曰道，强为之名曰大。"②"大而"句：王弼本原作"似不肖"。"似"字可疑。马叙伦说，北京图书馆藏唐抄本、易州景龙碑石刻本皆无"似"字。帛书乙本（甲本缺文）作"大而不肖"。据改。肖(xiào)：像，类似。说"大而不肖"，是因为"道"是"无状之状，无物之象"（十四章）。③"夫唯"二句：王弼本作"夫唯大，故似不肖"。各本多与王本同或近同，唯帛书乙本作"夫唯不肖，故能大"。张松如认为"乙本义长"。据改。④ 慈：柔弱哀悯（吴澄说），有爱心，有同情感。另，任继愈以为是宽容的意思。⑤ 俭：俭啬，收缩蓄藏而不扩张靡费，与五十九章"啬"意义近同。⑥ 不敢为天下先：六十六章："欲先民，必以身后之。"⑦ 俞樾说：《韩非子·解老》此句作"不敢为天下先，故能为成事长"。虽"事""器"异文，但"故能"下有"为"字，则当从之。成器：大器。《左传·襄公十四年》"成国不可半天子之军"，杜注："成国，大国。"⑧ 且：取（据王弼和高亨说）。

【翻译】

　　天下人都说我广大，广大却不像任何具体事物。正因为不像任何具体事物，所以才能广大。如果像任何具体事物，早就变得细小了！我有三件宝物，我十分珍重地保护着它们：第一个是慈柔，第二个是俭啬，第三个是不敢走在天下人的前面。因为慈柔，所以才能勇武；因为俭啬，所以才能扩展；因为不敢居于天下人的前面，所以才能成为善材大器的首长。如果舍弃了慈柔而只求取勇武，舍弃了俭啬而只求取扩展,舍弃了退让而只求取占先,则必定走向死路。说起慈柔,用于作战就能取胜,用于守卫就能坚固安全。老天要救助谁,就用慈柔来保卫他。

六十八章

本章直承前章"慈""勇""战""守"方面的内容,继续讲"道"在军事方面的运用。老子认为,用兵作战一定要做到"不武"、"不怒"、"不与"和"为下",也就是不逞能、不激怒、不对斗、不自大。这就是"不争之德",是符合天道的最高原则。

善为士者不武①,善战者不怒,善胜敌者不与②,善用人者为之下③。是谓不争之德,是谓用人之力,是谓配天,古之极④。

【注释】

① 士:武士,兵卒的带头人。这里实指统帅。② "善胜"句:《孙子·谋攻》:"百战百胜,非善之善者也;不战而屈人之兵,善之善者也。"与:对斗,即厮杀搏斗。③ "善用"句:意思是谦下待人,可以换得别人的诚心,士卒亲附,

就乐于为之效力疆场(据高延第说)。下文"是谓用人之力"就是直承本句而言。④ 极:准则。古之极:据俞樾说,此章每句有韵,若以"是谓配天"为句,则不韵矣,疑"古"字衍文也。且"是谓配天之极"句与前两句文法一律,其衍"古"字者,"古"即"天"也。《周书·周祝》篇曰:"天为古。"此说颇有道理。

【翻译】

善于做兵将的不逞勇武,善于作战的不激怒,善于战胜敌人的不事搏斗,善于用人的对人谦下。这叫做不争的德,这叫做能利用他人的力量,这叫做与天道符合,这是古来的准则。

六十九章

本章是前两章的继续,还是讲"道"在军事方面的运用。三十一章曾反映出老子的反战思想,他认为战争只能是不得已的,这种思想与本章一气相通。老子认为,有"道"的军事家不把战争用作进攻手段,而只用作防御手段;在战争中要慎之又慎,退而又退。老子认为,忍让退守可避免战争,轻敌嗜战会遭受灾祸,当两军力量相当时,被迫迎战而怀有"哀"心的一方必定胜利。

用兵有言:"吾不敢为主而为客①,不敢进寸而退尺。"是谓行无行②,攘无臂③,执无兵,扔无敌④。祸莫大于轻敌,轻敌几丧吾宝⑤。故抗兵相若⑥,哀者胜矣⑦。

【注释】

① 主:这里指首先挑起战争,处于攻势。客:指不得

已而应战，处于守势。② 行(xíng)无行(háng)：行进而没有出师的道路(据高亨说)。第一个"行"与下三句的"攘"、"执"、"扔"同为动词；第二个"行"与下三句"臂"、"兵"、"敌"同为名词，意为道路。另，也有人把这两个"行"都解作行列，阵势。可供参考。③ 攘无臂：参见三十八章"攘臂"注。这里是说由于愤激而想举起手臂，但却像无臂可举。④ "执无"二句：王弼本"扔"句在上，"执"句在下。但王弼注文"扔"句却在"执"句下，可知王弼今本误倒。傅奕本及帛书甲、乙本都是"执"句在上，"扔"句在下(帛书"扔"作"乃")。据改。扔敌：就是就敌、迎敌的意思。⑤ 宝：就是六十七章的"三宝"(据成玄英、高延第和任继愈说)。⑥ 若：王弼本作"加"，傅奕本、敦煌本及帛书甲、乙本都作"若"。据改。抗：相对等，相当。⑦ 哀：哀悯，就是六十七章所说的"慈"(据吴澄、蒋锡昌等说)。"慈"是"三宝"之一，"夫慈，以战则胜，以守则固"。高亨解释"哀者胜"的含义说："存不忍杀人之心，处不得不战之境，在天道人事皆有必胜之理也。"另，任继愈译"哀"为"悲愤"，可供参考。

【翻译】

兵家有过这样的话："我不敢主动进攻而宁愿采取防守，不敢前进一寸而宁愿退后一尺。"这就叫要出兵却像没有行军之路，要奋臂高扬却像没有手臂，要操起兵器却像没有兵器，要迎击敌人却像没有来敌。没有什么灾祸能大过轻敌，轻敌几乎丧失了我的"三宝"。所以两军势均力敌，心怀慈悯的一方定能胜利。

七十章

本章是老子的自许和慨叹。老子主张"无为",是要"无不为";主张"无争",是要"莫能与之争"。所以,他并非自甘默默无闻,他也希望自己的各种思想原则能通行于世。这里,老子既称许自己的主张切近简要,明了易行,又慨叹世人不了解"道",不了解自己,不买自己的账。因此,他深感曲高和寡而不得不"被褐怀玉"。

吾言甚易知,甚易行;天下莫能知,莫能行。言有宗,事有君①。夫唯无知②,是以不我知。知我者希③,则我贵矣④,是以圣人被褐怀玉⑤。

【注释】

①"言有"二句:宗:宗旨。君:主,与"宗"变文,这里是主旨、要领的意思。蒋锡昌认为"宗"、"君"都指"道"而言。他说:"圣人之教,虽千言万语,然其宗旨,总不离道,

故知易行亦易也。"② 无知：指对上文所说的"宗"、"君"无所知，也就是对"道"无所知。③ 希：通"稀"。④ "则我"句：王弼本作"则我者贵"。傅奕本等古本及帛书甲、乙本都作"则我贵矣"。据改。则，连词。另，一般常按王弼本解"则"为效法。供参考。⑤ 被：是"披"的古字。褐：用麻或粗毛制作的短衣衫，是下民百姓所用。

【翻译】

我说的道理很容易了解，也很容易实行；但是天下却没人能了解，没人能实行。我说话是有宗旨的，做事是有根据的。正由于人们不理解道，因此也不了解我。了解我的人很少，我就珍贵了，因此圣人外穿粗衣却内怀美玉。

七十一章

本章从人对事物多有不知的方面讲要有自知之明。老子认为,不知道自己知什么和不知什么,这是人的缺点;但是,如果能重视这种缺点,时时提防,就可以不受其害。孔子的名言:"知之为知之,不知为不知,是知也。"与本章的立意是一致的。

知不知,上;不知不知,病①。〔夫唯病病,是以不病②。〕圣人不病。以其病病③,是以不病。

【注释】

① "知不"四句:"不知不知",王弼本及各本都作"不知知",但理解有困难。帛书甲本作"不知不知",文义较顺。蒋锡昌引宋陈旉《农书》作:"能知其所不知者,上也;不能知其所不知者,病矣。"与帛书甲本一致。此据帛书甲本改。另,直到目前,专家学者们都不改补这一句,因此,

任继愈译这四句为:"知道自己不知道,最好;不知道,而以为知道,就是病。"张松如据奚侗、蒋锡昌等人说法译作:"知道了,还以为不知道,高啊;不知道,而自以为知道,糟啊。"这都可供参考。②"夫唯"二句:王弼本有这两句,各本也多有这两句,但语义重复。景龙本、遂州本及帛书甲、乙本都没有这两句。据此,这里不注不译。③ 病病:动宾短语,把毛病看作是毛病,含有重视和防患于未然的意思。译文是意译。

【翻译】

知而不自以为知,这是好事;不知而自以为知,这是缺点。圣人所以没有这种缺点。因为他把这种缺点当作重要的缺点,所以才没有这种缺点。

七十二章

本章告诫统治者不要总是威压人民,指出一旦人民不堪威压而又不畏惧威压,那就会发生使统治者感到非常可怕的事情。希望统治者既能实行让人民安居乐业的宽厚政策,又能对人民做出谦下的姿态,以免遭到人民的厌弃。在这些告诫和希望中,体现出老子清静无为、欲上必下、欲先必后的一贯思想,也反映出他对人民潜在力量的认识。

民不畏威,则大威至①。无狎其所居②,无厌其所生③。夫唯不厌,是以不厌④。是以圣人自知不自见⑤,自爱不自贵,故去彼取此⑥。

【注释】

①"民不"二句:两个"威"字在帛书甲、乙本中都作"畏"。"威""畏"词同源,字相通。这里两个"威"都同时包

含着威、畏两方面的意义,但具体所指不同。前一个"威"指由统治者发出的、威压人民、要人民畏惧的事情。后一个"威"指使统治者受到威胁、感到畏惧的事情,王弼称之为"上下大溃"、"天诛"。② 狎:通"狭",狭迫,逼迫。③ 厌:通"压",压迫,压榨(下句"厌"字同)。④ 是以不厌:此句"厌"指厌恶,厌弃。参见六十六章:"天下乐推而不厌。"⑤ 见:通"现"。自见:自我表现。⑥ 彼:指"自见"和"自贵"。此:指"自知"和"自爱"。另据高亨说,"故去彼取此"似后人注语。颇有理,可供参考。

【翻译】

一旦人民不再害怕威压,最可怕的事情就要发生了。不要逼迫人民无处安居,不要压迫人民无法生活。只有不压迫人民,才不会遭到人民厌弃。所以圣人有自知之明而不炫耀自己,自爱自重而不自显高贵,所以要舍弃后一种行为而取前一种行为。

七十三章

本章讲柔弱不争和天道自然。老子认为,柔弱得生,刚强则死,这并非出于人意而取决于天的爱恶。天,就是自然,天之道就是自然之道。自然之道是有定数的,是不能以人意改变的。它又是包罗万象而无可逃避的。所以,人们只能顺应和效法它而不能违逆它,否则,必定遭受挫折和凶险。

勇于敢则杀,勇于不敢则活①。 此两者,或利或害。 天之所恶,孰知其故? 〔是以圣人犹难之②。〕天之道③,不争而善胜,不言而善应,不召而自来,繟然而善谋④。 天网恢恢⑤,疏而不失。

【注释】

①"勇于"二句:蒋锡昌说:"七十六章:'坚强者,死之徒;柔弱者,生之徒。''敢'即'坚强','不敢'即'柔弱'。"

勇：指勇气。敢：争胜取强的意思。杀：与"活"相对，就是死的意思。②"是以"句：很多学者以为这是六十三章错简重出，帛书甲、乙本也没有这句。此处不注不译。③天之道：即自然之道，自然的规律。④ 繟（chǎn）然：舒缓、缓慢的样子。⑤ 恢恢：广大的样子。

【翻译】

勇气发自于心，因为心气的支配而争胜逞强就会死，能控制住心气而不争胜逞强就可以活。这两者因一念之差，而利害不同。天道所厌恶的，谁知道它的缘故？自然的规律，不争取却善于取胜，不言语却善于回应，不用召唤却自动到来，虽然宽缓却善于谋划。自然的功能像广大无边的无形的网，网孔稀疏却不会漏失。

七十四章

本章主旨在于批评和谴责统治者对百姓滥用杀戮政策。前一部分,指出杀戮政策是无效的,因而是不该实行的。"民不畏死,奈何以死惧之?"这一认识十分深刻。老子又用假设的事实("若使"至"孰敢"),反证了这一认识的正确性,增强了批评和谴责的力量。后一部分说奉行杀戮政策是违背天道的,同时警告说,违天伤人者必自伤。本章首尾所说"民不畏死"、"则希不伤其手",这与七十二章"民不畏威,则大威至矣"的思想实有相通之处。王弼以"天诛将至"注"大威至矣",这一注释似乎也正可移用于本章。

民不畏死,奈何以死惧之? 若使民常畏死,而为奇者①,吾得执而杀之②,孰敢? 常有司杀者杀③。 夫代司杀者杀,是谓代大匠斫④。 夫代大匠斫者,希有不伤其手矣⑤。

【注释】

①　为奇：为邪作恶，这里指做了触犯统治者政教法禁的事情。奇：奇诡，不正。②　吾：不是指老子本人，而是指统治者。③　司杀者：掌管刑杀的人，这里比喻天道。句末的"杀"字，比喻掌管着人的最终寿命。④　匠：木匠。斫（zhuó）：砍。⑤　希：通"稀"。伤其手：比喻违天行事而自受其害。

【翻译】

老百姓不怕死，为什么用死来恐吓他们？假使老百姓总是怕死，那么为邪作恶的人，我们可以把他们抓来杀掉，谁还敢为非作歹？总有掌管刑杀者（指天道）去杀。代替司杀者去杀人，就如同代替高明的木匠去砍木头。代替高明的木匠砍木头的人，很少有不砍伤自己手的啊！

七十五章

本章承接前章,转换一个角度,继续对统治者提出批评和谴责。老子认为,统治者取税过多,百姓才饥饿;统治者实行"有为"政治,社会才动乱;统治者养生过于优厚,百姓才把死看得很轻。因此他认为,统治者恬淡无欲,清静无为,才是消除社会上贫困和动乱的良方。这里,老子对现实中不合理现象的揭示,对下层民众疾苦的反映,应该说是深刻的,对统治者的批评也是强烈的。

民之饥,以其上食税之多①,是以饥。 民之难治,以其上之有为,是以难治②。 民之轻死,以其上求生之厚,是以轻死③。 夫唯无以生为者④,是贤于贵生⑤。

【注释】

① 上:指居于民上的统治者。② "民之难"三句:"有

为"而"难治"的原因是破坏了淳朴、天真、清静和自然。如五十七章:"法令滋彰,盗贼多有。"五十八章:"其政察察,其民缺缺。"③ "民之轻"三句:人民看轻死的原因是,统治者求生太厚,欲求无已,苛敛不止,人民生路狭窄艰难,所以把死看得很轻。④ 无以生为者:就是不以生为事的人,不重视追求自己安逸生活的人,就是不"贵生"的人,因此也就是恬淡无欲的人。⑤ 贤:胜,指高明。贵生:看重追求安逸的生活。

【翻译】

人民所以挨饿,是因为统治者征收赋税太多了,因此苦于饥饿。人民所以难以治理,是因为统治者强作妄为,因此难以治理。人民所以看轻死,是因为统治者追求享受,贪求太过,因此轻死。只有不在生活上过分追求享受的人,才比看重个人生活享受的人高明。

七十六章

本章表现了贵柔弱、戒刚强的思想。老子注意观察了生死的不同状态:活人的肢体柔软,而死人的尸体僵硬;草木在生长期柔韧脆弱,但生命竭止后就干枯了。由此他概括出"坚强者死之徒,柔弱者生之徒"的结论,认为只有柔弱的东西才是有生命力的,才会"处上",而坚强的东西已经失去了生命力,只能"处下"。这种思想在全书中多有反映,如三十六章、四十三章和七十八章等处,其观点十分突出。

人之生也柔弱,其死也坚强。 万物草木之生也柔脆,其死也枯槁。 故坚强者死之徒①,柔弱者生之徒。 是以兵强则不胜,木强则兵②。 强大处下,柔弱处上。

【注释】

① 徒:类。② "是以"二句:第一个"兵"是军队的意

思。第二个"兵"原是兵器的意思,这里用作动词,又是被动用法,是被砍伐、被砍折的意思。这两句各本文字互异,不易理解,古今很多学者认为应作"是以兵强则灭,木强则折",很值得参考。

【翻译】

人初生时肢体是柔软的,死去的时候就变得僵硬了。万物草木生长的时候是柔韧脆弱的,死去的时候就变得干枯了。所以坚硬刚强的东西属于死亡的一类,柔韧软弱的东西属于生的一类。因此自逞其强必然不能获胜,树木强壮了就会被砍伐。强大反而要居于下位,柔弱反而会占据上位。

七十七章

本章讲"人之道"应该效法"天之道",也就是说社会应该效法自然。老子认为,天道总是均衡调和的,"损有余而补不足";但人世却与之相反,是"损不足以奉有余":一方面是饥饿、贫困,另一方面却是"食税之多"、"求生之厚"、挥霍无度(见五十三章和七十五章)。老子希望社会能相对均衡、安定,所以才希望出现效法天道,"有余以奉天下",即舍己为公的"有道者"、"圣人"。

天之道①,其犹张弓与? 高者抑之,下者举之,有余者损之,不足者补之。 天之道,损有余而补不足;人之道则不然②,损不足以奉有余。 孰能有余以奉天下? 唯有道者。 是以圣人为而不恃,功成而不处③,其不欲见贤④。

【注释】

　　① 天之道:已见于七十三章注。② 人之道:指社会的一般规律。③ "是以"二句:参见二章注。④ 见:通"现",表现。

【翻译】

　　自然的规律,不正像开弓吗? 高的时候就压低些,低的时候就抬高些,过满的时候就减弱些,欠满的时候就补益些。自然的规律是减损有余的而补益不足的;人世的规律却不如此,是减损不足的来供奉有余的。谁能减少有余而奉献给天下人呢? 只有有道的人。因此圣人助长万物而不望报答,功业成就而不自矜,他不想表现个人的贤能。

七十八章

本章用水作比喻,说明柔弱胜刚强,居下反为上的思想。老子认为,天下最柔弱的就是水,但是水却可以制胜无数坚固刚强的东西。老子身处动乱纷争的年代,所见都是逞强斗胜,争权夺势,因此他希望统治者能培蓄水一样的德行,不仅要尚柔,而且肯居下,能受垢,这才能有国、有天下。这还是表现其以"不争"而争,以"无为"而为的思想和主张。

天下莫柔弱于水,而攻坚强者莫之能胜,以其无以易之①。弱之胜强,柔之胜刚,天下莫不知,莫能行。是以圣人云:"受国之垢②,是谓社稷主③;受国不祥,是为天下王。"正言若反④。

【注释】

① 易:代替。② 垢(gòu):耻辱。③ 社稷(jì):古代帝

王诸侯所祭祀的土神叫"社",谷神叫"稷"。"社稷"后来用为国家的代称。主:君主。④"正言"句:这一句不仅是对本章"圣人云"的概括,而且也可以看作是对《老子》全书中相反相成言辞的一种概括,如四十一章"明道若昧,进道若退"等句,四十五章"大成若缺"、"大盈若冲"等句。

【翻译】

　　天下没有什么比水更柔弱的了,但是攻击坚强的东西却没有什么能胜过水的,因为没有什么东西能代替水的作用啊!弱胜强,柔胜刚,天下没有谁不知道这个道理,可又没有谁能运用它。因此圣人说:"承担全国的耻辱,这才能称得起国家的君主;承担全国的祸殃,这才能称得起天下的君王。"正面的话好像反话一样。

七十九章

本章讲要为善而不要结怨。老子认为,一旦结下怨恨,即使和解,也难以完全消释,这就无法为善了。因此,要想为善事,做善人,实行有"德"之治,就应只施予而不索取,"能有余以奉天下"(七十七章语),这才符合天道,因此也就可以获得天道辅佑。八十一章说:"圣人不积,既以为人,己愈有;既以与人,己愈多。"这与本章思想是相通的。

和大怨,必有余怨,安可以为善? 是以圣人执左契,而不责于人①。 有德司契②,无德司彻③。 天道无亲④,常与善人⑤。

【注释】

①"是以"二句:是说"圣人"只施舍却不索取。老子认为这是"损有余而补不足"的"天之道"(七十七章)。契:

契约,合同。左契:与右契相对。古代对借贷事项的助记办法是,刻木为契,从中间剖分成左右两契,债权人留取左半,就是左契,借债人留取右半,就是右契,以后讨债还债时,就凭左右两契相合为凭据。责:责求,索还债务。②"有德"句:意思与上两句相同,而与下一句相反。有德:就是七十七章所说的"有余以奉天下"的"有道者"。司契:保管契约,指保管左契。司:掌管。③"无德"句:是说无"德"的人只索取而不施予,就是"损不足以奉有余"(七十七章),"是谓盗夸"(五十三章)。彻:周代的田税法。④ 亲:这里指偏爱。⑤ 与:帮助。

【翻译】

调解深重的怨恨,必定会留有残余的怨恨,怎么能算是善呢?因此圣人握着借据,却不向人们讨还。所以有德的人就像只保管契卷而不索债,无德的人就像掌管税敛那样苛取。天道并没有偏爱,永远帮助有德的善人。

八 十 章

本章提出"小国寡民",这是老子社会政治思想的重要内容之一。在老子所描述的桃花源式的空想社会中,一切都十分古朴、安静、和乐而自然:人们丢开先进的生产工具,也能丰衣足食;世世代代坐守故园,安土乐俗;老死不相往来,车船自然废置;没有战争,武器自然淘汰;没有巧智,无须政教禁令,文字自然重被结绳代替。这种理想反映出老子对现实的不满和抗议。

小国寡民①,使有什伯人之器而不用②;使民重死而不远徙③;虽有舟舆④,无所乘之;虽有甲兵,无所陈之;使民复结绳而用之⑤。 甘其食,美其服,安其居,乐其俗。 邻国相望,鸡犬之声相闻,民至老死不相往来。

【注释】

① 小、寡:这里都是使动用法,意思是使小、使寡少。② 什伯人之器:王弼本无"人"字,河上公本、帛书甲乙本都有"人"字。据补。什伯:即什佰,十百。什伯人之器,指十倍百倍于简单人力的先进器具。另,俞樾以为是兵器,奚侗以为是各种器具。这两种说法都有不少信从者,可供参考。③ 重死:与七十五章"轻死"意义相对,看重死,不冒险。徙(xǐ):迁移,搬家。④ 舆:车。⑤ 民:王弼本作"人"。河上公本、傅奕本等古本及帛书乙本(甲本缺文)都作"民",与上下文各"民"字一律。据改。结绳:在未有文字的原始社会中的助记方法之一。

【翻译】

使国家狭小而人民稀少,即使有十倍、百倍于人力的器具,却并不应用;让人民看重死亡,而不向远方迁移;虽然有舟船车辆,却不需要去乘坐;虽然有铠甲兵器,却用不着布阵打仗;让人民又回到上古结绳记事的习惯。人民吃得很香甜,穿着很漂亮,安其居所,乐其习俗。邻国之间举目可望,鸡鸣狗叫声彼此可闻,人民却直到老死也不互相往来。

八十一章

本章反映出老子心目中有关于说、学和做的几个原则。前一部分,提出信与美、善与辩、知与博等对立关系,启示人们要说真话而不说漂亮的假话,要居心善良而不以巧说辩辞掩盖不善,要深知专精而不追求广博多识。后一部分讲天道和效法天道的"圣人"之道,提示人们要助人、利人而不与人争竞。

信言不美①,美言不信。 善者不辩②,辩者不善。知者不博③,博者不知。 圣人不积,既以为人,己愈有;既以与人,己愈多④。 天之道,利而不害;圣人之道,为而不争。

【注释】

① 信:真实。② 辩:能言善辩,口才好。③ 博:广博多识。另,任继愈解为"显示懂得的事情多",译作"卖弄",

可供参考。④"既以"四句:这与七十七章"损有余而补不足"是相通的。既:尽,这里是全都拿出的意思。

【翻译】

诚实的言谈不华丽,华丽的言辞不诚实。善良的人不巧辩,巧辩的人不善良。学有所成的人不会什么都懂,什么都懂的人不会学有所成。圣人不积藏什么,尽全力帮助别人,自己却更富有;尽全力给予别人,自己却更丰足。自然的规律,施利给万物而不伤害它们;圣人的法则,施为给人而不同人争竞。

编 后 记

2011年我社出版了"古代文史名著选译丛书（134种）"，该丛书是由全国高校古籍整理委员会主持，汇集北京大学、复旦大学等十八所高校古籍所专家学者力量完成的一部高水平、高质量的传统文化普及读物。出版后也得到了读者认可，获得业内好评。

该丛书于2016年入选国家新闻出版广电总局评选的"首届向全国推荐中华优秀传统文化普及图书"名单。为了更好地传播优秀传统文化，我们从中精选了30种文史经典，重新修订、设计，作为珍藏版呈现给读者。

中华优秀传统文化不仅是中华民族的宝贵财富，也是中华民族的精神家园。凤凰出版社谨向为本丛书的编辑出版付出巨大心血的专家学者致以崇高敬意！

丛书顾问：周林　邓广铭　白寿彝

丛书主编：章培恒　安平秋　马樟根

编委（均按姓氏笔画排列）：马樟根　平慧善　安平秋　刘烈茂　许嘉璐　李国祥　金开诚　周勋初　宗福邦　段文桂　董治安　倪其心　黄永年　章培恒　曾枣庄（以上为常务编委）
王达津　吕绍纲　刘仁清　刘乾先　李运益　杨金鼎　曹亦冰　常绍温　裴汝诚（以上为编委）

古代文史名著选译丛书（珍藏版）书目

书名	译注者	审阅者
论语注译	孙钦善	宗福邦
老子注译	张玉春　金国泰	安平秋
庄子选译	马美信	章培恒
孟子选译	刘聿鑫　刘晓东	黄葵
荀子选译	雪克　王云路	董治安　许嘉璐
诗经选译	程俊英　蒋见元	刘仁清
楚辞选译	徐建华　金舒年	金开诚
左传选译	陈世铙	董治安
史记选译	李国祥　李长弓　张三夕	安平秋
汉书选译	张世俊　任巧珍	李国祥
后汉书选译	李国祥　杨昶　彭益林	许嘉璐
三国志选译	刘琳	黄葵
资治通鉴选译	李庆	黄永年
文心雕龙选译	周振甫	黄永年
世说新语选译	柳士镇　钱南秀	周勋初
颜氏家训选译	黄永年	许嘉璐
陶渊明诗文选译	谢先俊　王勋敏	平慧善
李白诗选译	詹锳等	章培恒
杜甫诗选译	倪其心　吴鸥	黄永年
李商隐诗选译	陈永正	倪其心
王维诗选译	邓安生　刘畅　杨永明	倪其心
苏轼诗文词选译	曾枣庄　曾弢	章培恒
李清照诗文词选译	平慧善	马樟根
辛弃疾词选译	杨忠	刘烈茂
王阳明诗文选译	吴格	章培恒
唐才子传选译	张萍　陆三强	黄永年
徐霞客游记选译	周晓薇　马雪芹　焦杰	黄永年　马樟根
阅微草堂笔记选译	黄国声	安平秋
西厢记选译	王立言	董治安
聊斋志异选译	刘烈茂　欧阳世昌	章培恒